Pendos CO2-Zähler

Die CO2-Tabelle
für ein klimafreundliches Leben

**Die wichtigsten Zahlen, Fakten und Vergleiche
zu Konsum, Strom, Heizen und Mobilität**

P e n d o München und Zürich

Inhalt

Die große CO2-Diät 5
Zu den Daten in diesem Buch 9
Warum es hier immer um CO2 geht 13
Ein ganz normaler Tagesablauf 18

Konsum 25
Ernährung - unser tägliches Brot 26
Frisch oder tiefgekühlt 32
Biolebensmittel 33
Lebensmitteltransporte 36
Essen außer Haus 38
Saisonalität 39
Ernährungsverhalten 41
Verpackung 42
Sonstiger Konsum 44
Öffentlicher Konsum 47
Service 48

Strom 51
Haushaltsgroßgeräte 55
Kühlschränke 58
Gefriergeräte 62
Waschmaschinen 64
Wäschetrockner 68

Geschirrspüler 70
Kochen und Backen 73
Elektrokleingeräte 75
Küche, Bad und Haushalt 78
Stand-by – Kleinvieh verursacht auch Mist 81
Beleuchtung 86
Service 92

Heizen 95

Heizenergieträger 97
Moderne Heizanlagen 105
Heizsysteme in Einfamilienhäusern 108
Modernisierung 110
Heizungspumpen 111
Heißwassernutzung 114
Service 122

Mobilität 125

Das eigene Auto 125
Mobil in der Stadt 144
Zug oder Flug? 145
Service 148

Dank der Autoren 150
Über co2online 150
Quellenverzeichnis 151
Register 153
Impressum 156

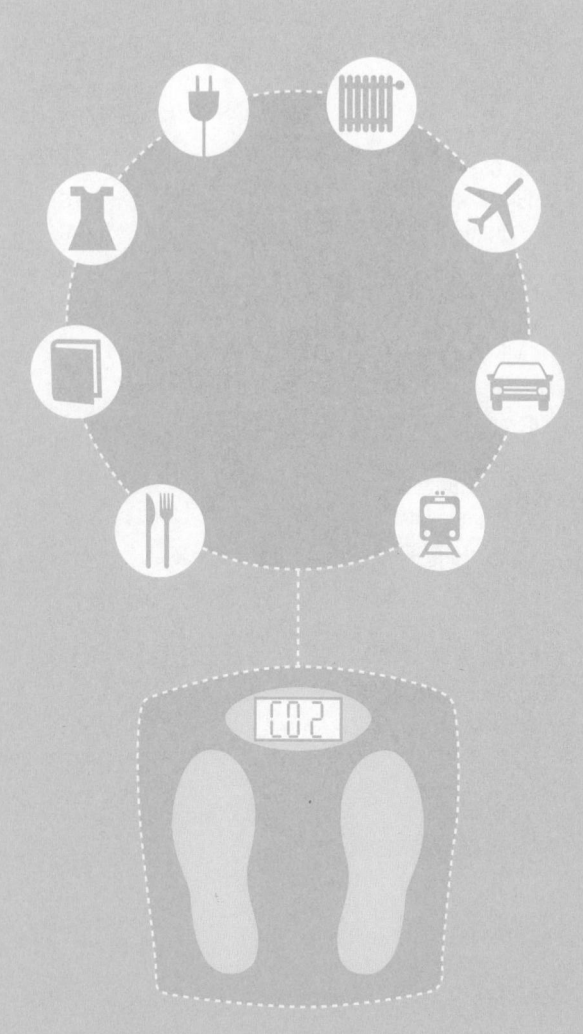

Die große CO2-Diät

Sie wollen einen Beitrag leisten, um das Klima zu schützen? Dann ist dies genau das richtige Buch für Sie. Wir helfen Ihnen, Ihre private Klimabilanz zu verschlanken. Wenn Sie nur wenig tun wollen, finden Sie hier schnell heraus, was dennoch viel bringt. Wollen Sie mehr tun, umso besser. Wir bieten Hunderte Angaben und Berechnungen, die Sie zum Profi in Ihrem privaten Klima-Umfeld machen werden. Sie entscheiden selbst, wo Sie Ihre Klimakalorien einsparen. Vieles wird Ihnen leichtfallen, manches nicht. Dann schieben Sie es auf. Setzen Sie sich realistische Ziele.

Wir nehmen und Sie halten Maß

Im Winter wollen Sie eine warme und helle Wohnung haben, Tomaten und Tropenfrüchte genießen und im Sommer auf ein klimatisiertes Auto ungern verzichten. Dieser Lebensstil ist nur durch einen enormen Energieeinsatz möglich. Und allein Deutschland verbraucht dafür jedes Jahr 111 Millionen Tonnen Erdöl, 100 Milliarden Kubikmeter Erdgas und 245 Millionen Tonnen Kohle.

Dadurch werden die Treibhausgase verursacht, die das Klima auf der Erde verändern. Wir zeigen Ihnen, wobei und in welchen Mengen Sie selbst den Ausstoß von Treibhausgasen wie Kohlendioxid (CO_2) verursachen.

Was in welcher Menge zur Klimabelastung beiträgt, ist höchst unterschiedlich. Sie können beispielsweise Ihr Haus rund um die Uhr und ein Jahr lang festlich erleuchten und verursachen für das Klima dennoch nur halb so viel Schaden wie mit einem einzigen Hin- und Rückflug nach Australien.

Mit diesem Buch werden Sie erkennen, was besonders zu Ihrem Klimagewicht beiträgt, und Ideen bekommen, wie Sie es verringern können.

Was Sie in diesem Buch erfahren

Mit einer Energiesparlampe benötigen Sie nur etwa ein Fünftel des Stroms einer Glühbirne. Das klingt ziemlich gut, doch wie viel Treibhausgase können Sie dadurch tatsächlich vermeiden? Wir haben für Sie herausgefunden, wie viel Treibhausgase verursacht werden. Nicht nur für Glühbirnen, sondern auch für Lebens- und Verkehrsmittel, den Betrieb von Fernseh- und Kühlgeräten, Heizungen und noch vielem mehr. Nirgendwo sonst finden Sie derartig detaillierte Angaben, um daraus Nutzen für Ihre persönliche Klimabilanz ziehen zu können.

In diesem Buch können Sie also einfach nachschlagen oder anhand der Zahlen selbst ausrechnen, welche Mengen an Treibhausgasen wobei entstehen. Wir geben Ihnen das Wissen, Sie haben die Wahl. Oft werden Sie überrascht sein, was bei Ihnen wirklich »Klimagewichtsprobleme« verursacht.

Lassen Sie sich nicht entmutigen

Erschrecken Sie nicht vor den vielen Zahlen in diesem Buch. Wir erklären sie und zeigen, welchen Nutzen sie für Sie haben. Bereits nach kurzer Zeit entwickeln Sie ein Gespür dafür, welche Werte hoch und welche niedrig sind (uns ging es übrigens genauso).

Unser Vorschlag: Ändern Sie erst einmal das, was problemlos umzusetzen ist. Schließlich soll Ihnen Ihr Engagement in Sachen Klimaschutz erhalten bleiben und auch Freude machen.

> Wenn Sie das Klima schützen möchten, achten Sie darauf, mit möglichst geringem Aufwand möglichst viel zu bewirken. Kosten und Nutzen sollten in einem günstigen Verhältnis stehen.

Beim Austausch einer Glühbirne (60 Watt) gegen eine gleich helle Energiesparlampe (11 Watt) sparen Sie bei täglich drei Stunden Brenndauer im Jahr etwa 35 Kilogramm Treibhausgase. Dank der Stromkostenersparnis von jährlich rund zehn Euro haben Sie den höheren Anschaffungspreis für die Energiesparlampe schnell wieder eingespart. Zudem hält sie mindestens zehnmal so lang. Energiesparlampen besonders dort einzusetzen, wo sie oft benutzt werden, ist daher sehr ökoeffizient. Nur den Klimawandel bremsen Sie allein damit nicht.

Warum auch Sie Ihre Klimabilanz verbessern sollten

Alle gesellschaftlichen Bereiche, Industrie, Landwirtschaft, Handel und Politik sind gefordert, dazu beizutragen, den Klimawandel zu bremsen. Jetzt und hier sind Sie gefragt: bei der Wahl der Waren, des Verkehrsmittels oder der Politiker. Zugegeben, das Klima ändert sich nicht dadurch, dass Sie jährlich acht statt zehn Tonnen Klimagase verursachen. Auch wird sich das Angebot an Waren und Dienstleistungen nicht grundlegend allein durch Ihre Taten ändern.

⤑ »Sie sind nicht allein!« Immer mehr Menschen wissen, dass sie gegen den Klimawandel etwas unternehmen sollten und auch können. Seien Sie einer davon.

Ganz unabhängig von den Folgen für das Klima sind die Mengen der fossilen Energieträger wie Erdöl, Kohle, Uran und Erdgas begrenzt. Auch für die nachfolgenden Generationen sollte noch etwas davon übrigbleiben. Die Preise für diese Rohstoffe werden noch steiler ansteigen als bisher. Wenn Sie weniger Energie benötigen, sparen Sie auch Geld.

Das China-Argument

Für den Anstieg des weltweiten Ausstoßes an Treibhausgasen um über 25 Prozent in den letzten 15 Jahren sind die Industrieländer und auch die schnell wachsenden sogenannten Schwellenländer wie Indien und China verantwortlich. Deren Anteil wird künftig durch das Wirtschafts- und Bevölkerungswachstum stark zunehmen. Viele glauben deshalb, die Verantwortung diesen Ländern zuschieben zu können. Dabei beträgt derzeit der Pro-Kopf-Ausstoß des Treibhausgases CO_2 in Indien nur etwa eine und in China drei Tonnen. In Deutschland sind es elf und in den USA über 20 Tonnen. Deutschland und die USA gehören damit nach wie vor zu den zehn Ländern mit dem größten Gesamtausstoß. Wenn Deutschland mit einem modernen und nachhaltigen Lebensstil erfolgreich ist, werden andere dem Beispiel nacheifern. Auch Länder wie China und Indien werden dann ihr Wirtschaftswachstum nachhaltig gestalten und ihren Teil zum Klimaschutz beitragen.

Zu den Daten in diesem Buch

Klimabilanzen zu erstellen kann außerordentlich schwierig sein. Jede Studie, jedes Institut rechnet auf Grundlage unterschiedlicher Werte. Eine eindeutige Zahl über den Pro-Kopf-Ausstoß von Treibhausgasen in Deutschland gibt es nicht. Diese Zahlen hängen immer von dem ab, was einbezogen wird: nur die Emissionen, also der Ausstoß, von Kohlendioxid oder auch weiterer Treibhausgase? Rechnet man die Emissionen für exportierte oder für importierte Waren mit ein? Welche Prozesse für Herstellung, Transport oder Handel fließen mit hinein? Betrachtet man etwa nur die direkte Emission beim Verbrennen eines Liters Benzin oder auch alles, was für Ölförderung, Transport und Aufbereitung anfällt, also die sogenannte Primärenergie?

Warum wir Äpfel mit Birnen vergleichen müssen

Durch den Apfel, den Sie im Supermarkt kaufen können, werden 100 Gramm Treibhausgase verursacht. Eine 40-Watt-Glühbirne, die über vier Stunden brennt, sorgt für den gleichen Ausstoß. Vermutlich wollen Sie nicht, statt das Licht anzuschalten, lieber einen Apfel essen. Aber vielleicht werden Sie künftig seltener mit dem Auto einkaufen fahren, wenn Sie besser einschätzen können, wie viele Treibhausgase dadurch verursacht werden. Das Buch bietet manche Überraschung, zeigt »Klimakalorienbomben« und was viel weniger ins Gewicht fällt, als Sie vermuten.

Wollen Sie sich über solche Kleinigkeiten lieber gar keine Gedanken machen? Auch gut. Vielleicht entscheiden Sie sich stattdessen für den Kauf einer Jahreskarte Ihrer örtlichen Verkehrsbetriebe und verzichten auf das Auto.

Primär- und Endenergie
Damit wir Energie in Form von Strom, Benzin, Heizöl oder Gas nutzen können (das ist die Endenergie), müssen Kohle, Uran, Erdgas und Erdöl gefördert, transportiert und aufbereitet werden (das ist die Primärenenergie). Beim Umwandeln von Primär- in nutzbare Endenergie gibt es große Energieverluste. Für die Stromerzeugung ist die dreifache Menge an Primärenergie nötig.

Bei Klimabilanzen versucht man meistens, zumindest all die Prozesse mit einzubeziehen, die zahlenmäßig bedeutsam sind. Wo immer möglich, wurden hier nicht nur die Emissionen berücksichtigt, die in Deutschland anfallen, sondern auch alle, die im Ausland entstehen, um ein Produkt in den Handel bringen oder betreiben zu können. Das reicht zum Beispiel bei der Produktion einer Portion Schweinefleisch vom Anbau und der Düngung von Futterpflanzen, der Ernte, der Stallhaltung und Schlachtung, dem Diesel für Traktor und LKW, der Energie für die Weiterverarbeitung, der Verpackung bis zur Lagerung im Geschäft. Nicht immer war das möglich. Sie werden zwangsläufig auch in diesem Buch Abweichungen zu Daten finden, die Sie vielleicht in anderen Quellen finden. Wir mussten uns auf unterschiedliche Quellen mit jeweils verschiedener Aktualität und Berechnungsweise der Zahlen stützen.

Abweichende Annahmen

Oft haben wir zudem die Werte für eine bessere Lesbarkeit gerundet. Der Genauigkeit schadet das kaum. Denn auch den Ursprungsdaten liegen meist bestimmte Annahmen zugrunde, die in der Praxis voneinander abweichen. Hersteller messen etwa den Stromverbrauch eines Kühlschranks bei 25 Grad Umgebungstemperatur. Das ist sicher wärmer als bei Ihnen in der Küche. Dafür wird der Kühlschrank während der Messung nicht geöffnet. Bei Ihnen daheim sicherlich schon.

CO₂-Äquivalent

Nicht nur der Ausstoß von CO_2 ist für den Treibhaus-effekt verantwortlich. Auch andere Gase, vor allem Methan (CH_4) und Lachgas (N_2O) wirken als Treibhausgase. Sie fallen ebenfalls in erheblichen Mengen an, etwa bei Viehzucht, beim Reisanbau, der Regenwaldrodung und bei Verbrennungsprozessen. Sie haben ein deutlich größeres Treibhauspotenzial als CO_2, das heißt, die gleiche Menge wirkt noch viel stärker. Auch ihr Anteil in der Atmosphäre wächst. Ihre Treibhauswirksamkeit wird auf die von Kohlendioxid (CO_2) umgerechnet. Die Summe der klimarelevanten Prozesse, die etwa der Flugverkehr oder die Herstellung dieses Buches verursachen, gibt man als CO_2-Äquivalente (äquivalent = gleichwertig) an. Wo immer es möglich war, haben wir für die Angaben in diesem Buch CO_2-Äquivalente zugrunde gelegt. Für eine bessere Lesbarkeit schreiben wir allerdings nur CO_2.

Trotz dieser abweichenden Annahmen stimmen die Relationen zwischen den Werten, sodass Sie für sich entscheiden können, welche Klimaschutzmaßnahme für Sie sinnvoll und lohnend ist. Wenn Sie Angaben zwischen einzelnen Tabellen vergleichen möchten, sollten Sie darauf achten, ob es sich um Angaben in Kilogramm oder Gramm handelt und auf welche Größen sich diese beziehen.

Warum es hier immer um CO2 geht

An dem vom Menschen verursachten Klimawandel hat CO_2 den größten Anteil. Daher ist es auch für den Klimaschutz vorrangig, die CO_2-Emissionen deutlich zu verringern. Sie sollten aber nicht das einzige Kriterium für Sie sein. Es ist wie bei einer Diät. Die Kalorienzahl zu reduzieren ist zwar wichtig, dennoch soll die Ernährung ausgewogen sein.

So sind zum Beispiel neben dem CO_2-Emissionswert eines Autos geringere Lärmbelästigung, Schadstoffbelastung sowie eine umweltschonende Herstellung wünschenswert. Strom aus Kernenergie hat zwar eine viel bessere Klimabilanz als Kohle, ist aber risikoreicher und verursacht auf Jahrtausende hin radioaktiven Müll. Bei der Herstellung von Lebensmitteln und anderen Produkten gibt es neben Klimagasen Schadstoffe, die die Böden übersäuern.

Wir konzentrieren uns hier auf CO_2, nennen Ihnen aber auch Adressen zu den anderen Gesichtspunkten.

Was ist eigentlich CO2?

Man kann Kohlendioxid (CO_2) nicht sehen und nicht riechen. Das Gas besteht aus Kohlenstoff und Sauerstoff und zählt zu den natürlichen Bestandteilen der Luft. Lebewesen nehmen es aus der Umwelt auf, atmen es wieder aus oder wandeln es um. Bei ihrer Zersetzung gelangt es wieder in die Atmosphäre. Dieser Vorgang ist ganz natürlich und beeinflusst das Klima nicht. Er ist klimaneutral.

In der Atmosphäre wirkt CO_2 wie das Glas in einem Treibhaus: Es lässt das Sonnenlicht herein, aber die Wärme nicht wieder heraus. Bis zu einem gewissen Grad ist dieser Treibhauseffekt natürlich und lebensnotwendig für uns. Ohne ihn würde die Sonnenwärme wieder in den Weltraum abstrahlen – und es würde außerordentlich kalt auf unserem Planeten.

Ursache für die Veränderung

Anders sieht es aus, seit wir alle Kohle, Gas und Erdöl verbrennen. Der darin gespeicherte Kohlenstoff wurde über Millionen von Jahren der Atmosphäre entzogen. Dieser verbrennt mit dem Sauerstoff der Luft zu CO_2. So führen wir seit ein paar Jahrhunderten der Atmosphäre ungeheure Mengen CO_2 zu, die mit fortschreitendem Lebensstandard unaufhaltsam weiter steigen. Gemeinsam mit anderen Gasen, wie Methan und Lachgas, verstärkt CO_2 den natürlichen Treibhauseffekt.

Die Diagnose der Wissenschaftler aus 150 Jahren Wetteraufzeichnungen: Die zehn weltweit wärmsten Jahre wurden alle nach 1990 gemessen, die Durchschnittstemperatur ist um fast zwei Grad gestiegen. Ursache für die Verstärkung des Treibhauseffektes sind die Menschen. Sie tragen mit ihrem Energiekonsum wesentlich dazu bei, dass sich das Klima weiter und immer schneller aufheizt. Wir werden mit deutlichen Reaktionen wie Überflutungen, Stürmen, Dürre und dem Anstieg des Meeresspiegels leben müssen. Das Ausmaß der Folgen können wir aber noch begrenzen.

Gute Argumente gegen Skeptiker

Seit der Klimawandel in das Zentrum öffentlicher Diskussionen gelangt ist, melden sich immer wieder Klimaskeptiker zu Wort, die den Klimawandel oder die Ursachen in Frage stellen. Ihre Argumente sind wissenschaftlich kaum fundiert, aber für Nichtfachleute oft einleuchtend. Wenn auch Sie Zweifel am Klimawandel oder dessen Ursachen haben, finden Sie bei den nachstehenden Adressen Informationen, die sich mit den häufigsten skeptischen Argumenten auseinandersetzen:

Unter **www.umweltbundesamt.de** veröffentlicht das Umweltbundesamt wissenschaftliche Antworten auf alle wesentlichen Aussagen der Klimaskeptiker.

Der Klimaforscher Prof. Dr. Stefan Rahmstorf vom Potsdam Institut für Klimafolgenforschung bietet auf seiner Internetseite **www.ozean-klima.de** populärwissenschaftliche Texte zu den Argumenten der Skeptiker.

Das Kyoto-Versprechen einlösen

1997 einigte sich Deutschland gemeinsam mit 150 weiteren Staaten, bis 2012 den Ausstoß an Treibhausgasen wie CO_2 und Methan unter das Niveau von 1990 zu senken. Das Kyoto-Protokoll verpflichtet Deutschland, seine CO_2-Emissionen um 21 Prozent zu senken. 17 Prozent konnten schon erzielt werden, wobei die Verringerung überwiegend auf den Zusammenbruch der ostdeutschen Industrie zurückzuführen ist und weniger auf die Energiesparerfolge des Einzelnen oder weitreichendere Effizienzprogramme. Unsere Umwelt zeigt uns, dass wir sofort handeln müssen.

Dieses Buch ist klimaneutral

Es ist leichter, anderen gute Ratschläge zu geben, als selbst diese zu befolgen. Wir haben bei der Herstellung unseres CO_2-Zählers darauf geachtet, wenig CO_2 zu verursachen, und kamen auch bei Regen per Fahrrad ins Büro, haben die Computer nachts vom Netz genommen und saisonales Obst gegessen. Doch gab es Bereiche, bei denen wir die CO_2-Emissionen nicht senken konnten. Wir haben uns von einem Experten die CO_2-Bilanz dieses Buches berechnen lassen und sie neutralisiert. Eine letzte Möglichkeit für einen Ausgleich von Klimasünden.

Inzwischen gibt es verschiedene Anbieter, bei denen Sie für Flüge oder andere Klimasünden einen Ausgleich bezahlen können, um Ihre verursachte CO_2-Menge an anderer Stelle zu kompensieren, z. B. durch die Finanzierung einer Solaranlage, die den bisherigen Einsatz eines Dieselgenerators überflüssig macht. Denn für die Atmosphäre ist es unerheblich, wo die CO_2-Emissionen verringert werden.

Wie viel CO2 verursachen wir?

Die Gesamtemissionen an CO2 pro Kopf in Deutschland liegen zwischen zehn und zwölf Tonnen im Jahr. Das entspricht etwa 30 Kilogramm pro Tag.

CO2-Pro-Kopf-Emissionen Deutschland:

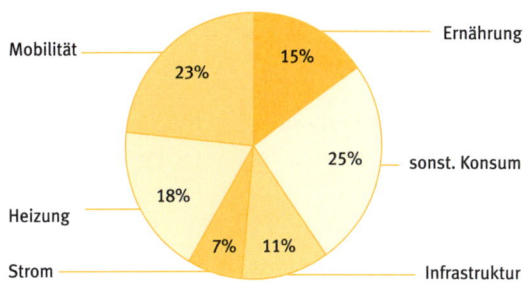

Quelle: ifeu

Wissenschaftler und Politiker haben sich darauf geeinigt, die Klimaerwärmung im weltweiten Durchschnitt auf zwei Grad zu begrenzen. Um dieses Ziel zu erreichen, müssen die Treibhausgasemissionen schnellstmöglich sinken. Pro Kopf sind nur etwa zwei Tonnen im Jahr klimaverträglich, etwas mehr als fünf Kilogramm täglich.

Ein ganz normaler Tagesablauf

Pro Tag verursacht jeder Deutsche im Schnitt rund 30 Kilogramm CO_2. Die genaue Menge hängt natürlich sehr vom jeweiligen Lebensstil ab. Wodurch und wie viel CO_2-Emissionen im Einzelnen anfallen, ist den wenigsten bewusst. Manche Beiträge erscheinen gering, können sich aber übers Jahr aufsummieren. Zwei Beispiele zeigen unsere täglichen CO_2-Emissionen.

Ein Wintertag im Leben von Jan

Jan ist 30 Jahre und arbeitet in Berlin.

Aufstehen

Der Radiowecker hängt das ganze Jahr an der Steckdose. Am Tag verursacht das nur 23 g, im Jahr immerhin 8,5 kg (siehe Strom).
Licht an in drei Räumen: Mehrere Glühbirnen mit zusammen 240 Watt bringen es pro Stunde auf 155 g CO_2.
Heizkörper aufdrehen. Damit es nach der Arbeit nicht ungemütlich kalt ist, bleibt die Heizung den ganzen Tag an. Pro Tag verursacht das 6.500 g (siehe Heizen).

Duschen und Körperpflege

Die elektrische Zahnbürste schlägt jeden Tag mit 72 g zu Buche, zehn Minuten Duschen mit

2.300 g, jeweils fünf Minuten föhnen und rasieren mit nochmals 54 bzw. 1 g.

08:00

Frühstück

Der Toaster backt die Brötchen vom Vortag auf (60 g CO_2 für die Brötchen, siehe Konsum) und 25 g für den Toasterstrom. Die Marmelade macht nur 48 g aus, die Butter dagegen 480 g. Ein Ei, sorgt für 140 g, kocht ohne Deckel auf dem E-Herd (170 g), und die Kaffeemaschine brüht für 130 g den Kaffee.

08:30

Weg zur Arbeit

Mit der U-Bahn geht es für 265 g sehr sparsam zum Dienst (siehe Mobilität), die Tageszeitung für unterwegs verursacht 170 g.

09:00

Arbeitsbeginn

PC mit Flachbildschirm und Drucker arbeiten bis 18 Uhr für 1.055 g. Telefon mit Anrufbeantworter sowie Fax laufen rund um die Uhr für 340 g. Der 300-Watt-Halogenstrahler mit 1.650 g wird nur eine halbe Stunde mittags abgeschaltet.

12:30

Mittagessen

Das Essen aus der Kantine ist für etwa 3.000 g zu haben.

18:30

Einkaufen

Noch schnell drei neue T-Shirts machen 17.800 g

sowie ein Bier und eine Tiefkühlpizza (zusammen 1.400 g).

19:30

Abendessen

Die Pizza aus dem Ofen (390 g), dazu das Bier und danach noch ein Joghurt (300 g).

20:30

Freizeit

Schnell noch den Anrufbeantworter abhören (80 g pro Tag). Dann zwei Stunden Fernsehen (120 g).

22:30

Bettruhe

Allein die aufgeführten Beispiele summieren sich über den Tag auf 37 Kilogramm.
Na denn, gute Nacht.

Ein Sommertag im Leben von Juliane

Sie ist 44 Jahre alt und lebt mit ihrer Familie in Mollberg, Niedersachsen.

Kinder und Mann wecken

Vier Personen duschen (Durchlauferhitzer, 30 Minuten bei 35 Grad, 4.400 g), die Klimaanlage kühlt die Räume für den bevorstehenden Hitzetag, sechs Stunden bringen 3.000 g. Obwohl Sommer ist, läuft die überdimensionierte

Heizungspumpe und schlägt mit 1.550 g pro Tag zu Buche.

Frühstück

Die erste Waschmaschine läuft mit dem 95-Grad-Programm (1.400 g). Milch steht auf dem Tisch (950 g). Der alte Kühlschrank surrt im Hintergrund und sorgt für 1.100 g täglich.

Kinder in die Schule fahren

Mit dem alten Kombi werden zehn Kilometer zurückgelegt, das verursacht 2.400 g, im Gepäck befinden sich Pausenobst (450 g) und Getränkedosen (360 g für die Verpackung). Ihr Mann fährt 15 km mit dem Bus ins Büro (285 g).

Hausarbeit

Bügeln (1.550 g) und Teppiche saugen (1.165 g). Die frischgewaschene Wäsche kommt in den Wäschetrockner, das ergibt 2.150 g.

Mittagessen

Pellkartoffeln (550 g) und Quark (490 g) stehen auf dem Tisch. Der Geschirrspüler wird angestellt, er verursacht 900 g.

Urlaub organisieren

Juliane bucht den Urlaub nach Mallorca über das Internet, vier Flüge Düsseldorf–Mallorca und zurück (2.880.000 g).

Gartenarbeit

Der Rasen bekommt einen Schnitt mit dem elektrischen Rasenmäher (1.035 g).

Abendessen

500 g Steak (6.650 g) und 500 g Pommes (2.750 g) warten zum Abendbrot auf die Familie, zum Nachtisch gibt es ein Pfund Erdbeeren, die im Sommer nur 150 g verursachen.

Freizeit

Die Kinder baden (1.800 g). Nach dem gemeinsamen Abendessen wird eine DVD angeschaut (die sorgt für 40 g, der Fernseher für 120 g). Dann geht die Familie zu Bett.

Nachtschicht

Ihr Mann legt noch eine Nachtschicht ein und liest den 100-seitigen Geschäftsbericht (6.200 g).

Fast drei Tonnen CO2 (2.920 kg): Juliane und ihre Familie sprengen ihre Bilanz mit dem Mallorca-Flug, aber auch andere Maßnahmen wie die ineffektive Heizungspumpe, alte Elektrogeräte und verschwenderisches Verhalten erhöhen die Zahl der CO2-Kilos.

Wie viel CO2 kann ein Einzelner überhaupt vermeiden?

Leider lässt sich das nicht genau sagen, denn das hängt von dem bisherigen Lebensstil, vielerlei Umständen, den unterschiedlichen Bedürfnissen und nicht zuletzt auch vom Willen jedes Einzelnen ab. Nach einer Schätzung des Wuppertal Instituts für Klima, Umwelt und Energie könnte ein effizienter und sparsamer Lebensstil die durchschnittlichen Pro-Kopf-Emissionen in Deutschland von jährlich zehn bis zwölf Tonnen halbieren. Eine verschwenderische Lebensweise verursacht gegenüber der effizienten rund das Dreifache. Fangen wir einfach an!

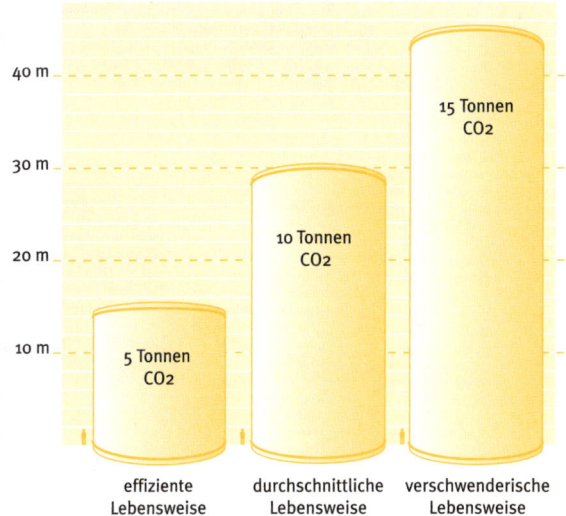

Konsum

Wissen ist der erste Schritt

Kleidung, Kino- und Restaurantbesuche, das Brot vom Bäcker und die Milch vom Supermarkt, ein neues Buch und ein schickes Handy – die Liste der Dinge, für die wir Geld ausgeben, lässt sich endlos verlängern. Hinter allem steckt eine riesige Menge Energie, die zur Herstellung, Bereitstellung und schließlich Entsorgung nötig ist. Den Waren oder Dienstleistungen sieht man oft nicht an, welcher energetische Aufwand dahintersteht. Jährlich verursacht jeder Einwohner in Deutschland allein durch seinen Konsum durchschnittlich über vier Tonnen CO_2. Hinzu kommen noch die Emissionen für Heizung, Strom und Mobilität sowie für die öffentliche Infrastruktur.

⋯⋙ Klimaverträglich wäre ein Pro-Kopf-Ausstoß von zwei Tonnen im Jahr, das sind knapp sechs Kilo am Tag.

Mit unseren Entscheidungen, wofür wir Geld ausgeben, haben wir großen Einfluss darauf, was und wie produziert wird. Das ist die oft beschworene Macht der Konsumenten, die sie selten nutzen, sei es aus mangelndem Wissen, unterschiedlichen Interessen oder schlicht, weil viele gar keine Zeit haben, sich genauer zu informieren. Etliche Hersteller und Verbände tun dazu ihr Bestes, die Käufer zu verwirren oder zu täuschen, oder bieten erst gar keine umweltverträglichen Alternativen an.

Der Bereich Ernährung fällt mit über anderthalb Tonnen CO_2 pro Kopf und Jahr sehr ins Gewicht. Für Dienstleistungen verursacht jeder Einwohner in Deutschland laut Statistischem Bundesamt fast noch einmal so viel CO_2. Dagegen sind die Emissionen für Kleidung und Textilien mit gut 200 Kilogramm vergleichsweise gering. Bei Möbeln, Schmuck, Spielwaren und Sportgeräten ist der CO_2-Ausstoß mit rund 85 Kilogramm im Jahr fast zu vernachlässigen, weil diese (außer vielleicht Spielsachen) verhältnismäßig lange genutzt werden. Für Papierwaren und Druckerzeugnisse fallen nochmals 85 Kilogramm an.

Bei Autos und den meisten Elektrogeräten ist der Verbrauch von Kraftstoffen bzw. Strom während des Betriebs entscheidend. Einen PKW herzustellen, belastet mit unter einem Fünftel der Emissionen das Klima weit weniger, als ihn über die Jahre zu fahren. Bei einem Kühlgerät ist der Anteil der Klimabelastung durch die Herstellung noch geringer.

Ernährung – unser tägliches Brot

Biotrauben aus Südafrika – was ist daran ökologisch? Gehört der Transport von Erdbeeren, die außerhalb der Saison aus südlichen Ländern angeliefert werden, zu den Klimakillern? Wenn Sie den Wunsch mit sich herumtragen, den ökologischen Schaden zu verringern, den Ihr Ernährungsstil anrichtet, sind Ihnen beim Einkaufen vermutlich derlei Fragen durch den Kopf gegangen. Was darf man denn noch guten Gewissens essen, worauf sollte man verzichten und was muss besonders beachtet werden? Bio, regional, saisonal, fair gehandelt? Auch der Preis und was überhaupt angeboten wird, ist oft entscheidend.

Essen in Deutschland

So viel isst ein Durchschnittsdeutscher im Jahr

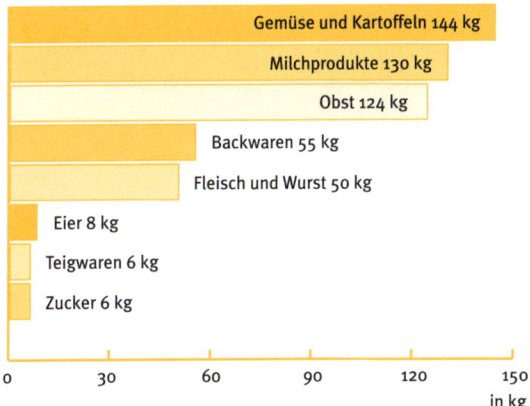

Den größten Gewichtsanteil an dem, was die Deutschen essen, hat Gemüse einschließlich Kartoffeln. 400 Gramm täglich isst jeder davon im Schnitt. Knapp danach folgen Milchprodukte und Obst. Dazu kommen jeden Tag noch rund 150 Gramm Brot- und andere Backwaren sowie fast genauso viel Fleisch und Wurst. Die Menge an Eiern, Teigwaren und Zucker fallen dagegen kaum ins Gewicht. Das klingt fast nach gesunder Ernährung.

Große Unterschiede bei den Lebensmittelgruppen

Die Klimabilanz einzelner Lebensmittelgruppen unterscheidet sich erheblich. Für Ihren nächsten Einkaufszettel können Sie in der Tabelle die Emissionen von häufig gekauften Lebensmitteln vergleichen. In den Bilanzen für die verschiedenen Produkte sind alle wesentlichen Treibhausgase berücksichtigt, die entstehen, bis Sie die Waren im Geschäft kaufen können: von dem Diesel für die Traktoren, der Düngung, dem Tierfutter bis zur Energie für Weiterverarbeitung, Verpackung, Lagerung und den Transport. Unabhängig davon, ob die Emissionen im In- oder Ausland angefallen sind.

CO_2 in g pro kg Lebensmittel	
Butter	23.800
Rindfleisch	13.300
Käse	8.500
Rohwurst	8.000
Sahne	7.600
Pommes frites tiefgekühlt	5.700
Schweineschinken	4.800
Kartoffelfertigprodukt (trocken)	3.750
Geflügel	3.500
Schweinefleisch	3.250
Tomaten (außerhalb der Saison)	3.150
Koch- und Brühwurst	2.500
Kondensmilch	2.500
Pflanzenöl	2.250
Eier	1.950
Quark und Frischkäse	1.950

Obstsaft	1.650
Zucker	1.500
Margarine	1.350
Gemüsesaft	1.300
Pizza tiefgekühlt	1.250
Joghurt	1.250
Konfitüre	1.200
Milch	950
Feinbackwaren	950
Teigwaren	900
Mischbrot	750
Brötchen und Weißbrot	650
Weizenmehl	600
Äpfel	550
Obst (Mix)	450
Bier	450
Tomaten (während der Saison)	350
Erdbeeren	300
Kartoffeln (frisch)	200
Gemüse (frisch)	150

Quelle: Öko-Institut

Sie vermissen Fisch? Wir auch. Bislang liegen uns leider keine Angaben für dieses Nahrungsmittel vor. Auch für Reis und die meisten Getränke haben wir derzeit keine Daten. Von den Verbrauchsmengen her spielen Fisch und Reis in Deutschland allerdings auch nur eine sehr geringe Rolle.

····⫸ Die weitaus schlechteste Klimabilanz haben tierische Lebensmittel. Der Anteil an Treibhausgasen, den der Konsum von Milchprodukten verursacht, ist am größten. Ein deutscher Durchschnittshaushalt trägt durch Milchprodukte mit rund 970 Kilogramm jährlich zum Treibhauseffekt bei, der Fleischkonsum mit etwa 470 und Gemüse mit nur knapp 180 Kilogramm.

Um einen Liter Milch, ein 250-Gramm-Steak oder ein Ei zu produzieren, ist das Vielfache an Energie, Ackerfläche und Dünger nötig als etwa für ein Kilogramm Feldgemüse. Besonders durch die Verdauung bei Rindern fallen zudem noch immense Mengen des Treibhausgases Methan an. Auch aus der Gülle der Nutztiere entweicht das Gas in die Atmosphäre. Das ist ebenfalls in der Treibhausbilanz der Lebensmittel enthalten.

(i)

In der Atmosphäre trägt ein Kilogramm Methan genauso viel zum Treibhauseffekt bei wie 21 Kilogramm CO_2.

Beim Rindfleisch spielt zudem der Aufwand für die Futtermittel eine große Rolle. Häufig wird dafür in Südamerika Soja angebaut und nach Europa transportiert. Nicht berücksichtigt in dieser Klimabilanz ist die mögliche und äußerst klimaschädliche Abholzung von Regenwald für den Futtermittelanbau.

Weniger Fett – weniger Treibhauseffekt

Das stimmt zumindest für Milchprodukte. Je höher deren Fettanteil ist, desto mehr Milch, das heißt umso mehr Kühe sind für deren Produktion nötig. In einem Kilogramm Käse steckt das Fett aus rund acht Kilogramm Milch. Butter, Käse und Sahne haben daher die schlechteste Bilanz. Schuld daran sind hauptsächlich die Methanemissionen durch die Kühe. Nie wieder Parmesan? Hartkäse hat eine noch ungünstigere Bilanz, weil sein Fettgehalt pro Trockenmasse über dem von stark wasserhaltigem Weichkäse liegt.

Frischkost ist auch gut für die Klimadiät

Die Produktion von frischem Obst und Gemüse fällt dagegen kaum ins Gewicht. Ausnahme ist die Herstellung außerhalb der Saison im beheizten Gewächshaus, was häufig bei Tomaten der Fall ist. Es macht sich zudem deutlich bemerkbar, wenn Gemüse und Obst weiterverarbeitet werden. Die Emissionen aus der Verarbeitung übersteigen dann die aus dem Anbau bei Weitem.

Werden etwa Kartoffeln für Fertigprodukte wie Püree, Klöße oder Pommes frites entwässert, vervielfachen sich die Emissionen. Generell gilt, dass die Klimabilanz eines Lebensmittels umso schlechter ist, je mehr Verarbeitungsschritte bis zum Verkauf nötig sind. Auch Wurst verursacht daher noch mehr CO_2 als rohes Fleisch.

Auf Fertigpüree besser verzichten?

Also fortan aus Klimaschutzgründen auf Fertigpüree verzichten? So einfach ist es leider nicht. Denn Sie ersetzen ja nicht ein Kilo Kartoffeln durch ein Kilo Püreepulver. Die deutlich geringere benötigte Menge und die wesentlich kürzere Kochzeit können den Vorteil der frischgekochten Kartoffeln wieder aufheben, selbst wenn Sie Milch und einen Klacks Butter für das Fertigpüree nehmen. Denn: Die Kartoffeln müssen sehr lange kochen. Was besser abschneidet, hängt auch davon ab, welche Mengen und womit Sie kochen.

Bevor Sie für den nächsten Einkauf voreilig Entscheidungen treffen, sollten Sie zunächst die von Ihnen konsumierten Mengen bedenken. Die schlechteste Klimabilanz pro Kilogramm hat zwar Butter. Bei einem maßvollen Konsum dürften Sie allein aber mit einem 250-Gramm-Päckchen (das entspricht sechs Kilogramm CO_2) locker eine Woche auskommen. Auch 100 Gramm Parmesan fallen mit 850 Gramm CO_2 nicht so sehr ins Gewicht wie die 150-Gramm-Portion Rindfleisch für eine Mahlzeit. Sie hat (ungekocht) eine Klimabilanz von immerhin zwei Kilogramm CO_2.

Frisch oder tiefgekühlt

Sie denken es sich vielleicht schon: Tiefgekühlte oder anders konservierte Lebensmittel schneiden schlechter ab. Bei Tiefkühlware ist der Aufwand für die Lagerung höher als für frische Ware.

CO_2 in g pro kg Lebensmittel	frisch	tiefgekühlt	Konserve
Rindfleisch	13.500	14.350	
Geflügel	3.500	4.500	
Schweinefleisch	3.000	4.300	
Gemüse	150	400	500
Obst	450	› 450	1.200
Quelle: Öko-Institut			

⟶ Da die Emissionen für die Herstellung von Gemüse und Obst nur einem Bruchteil der von Fleisch entsprechen, ist es aus Klimaschutzsicht nicht so wichtig, ob es frische, tiefgekühlte oder Konservenware ist.

Bei Obst- und Gemüsekonserven verdoppeln bis verdreifachen sich zwar die Emissionen, erreichen aber längst nicht die Werte von Fleisch.

Biolebensmittel

Sind Ökobauern wirklich Klimaretter? Ein ökologisch bewirtschaftetes Feld verursacht viel weniger Treibhausgase als bei konventionellem Anbau. Das gelingt vor allem durch den Verzicht auf chemische Düngemittel, denn deren Produktion ist sehr energieaufwendig. Andererseits muss bedacht werden, dass die Erträge aus biologischer Landwirtschaft geringer sind. Dies wiederum bedeutet, dass sich dadurch der Vorteil, bezogen auf ein Kilogramm Ware, verringert.

CO2 in g pro kg Biolebensmittel;
Unterschied zu konventioneller Herstellung

Butter	22.100	– 7 %
Rindfleisch	11.350	– 15 %
Käse	7.950	– 6 %
Rohwurst	7.450	– 7 %
Sahne	7.100	– 7 %
Pommes frites tiefgekühlt	5.550	– 3 %
Schweineschinken	4.500	– 6 %
Kartoffelfertigprodukt (trocken)	3.350	– 11 %
Schweinefleisch	3.050	– 6 %
Geflügel	3.050	– 13 %
Koch- und Brühwurst	2.350	– 6 %
Quark und Frischkäse	1.800	– 8 %
Eier	1.550	– 21 %
Zucker	1.350	– 10 %
Joghurt	1.150	– 8 %
Margarine	1.050	– 22 %
Pizza tiefgekühlt	950	– 24 %
Milch	900	– 5 %
Feinbackwaren	850	– 11 %
Teigwaren	750	– 17 %
Mischbrot	650	– 13 %
Brötchen und Weißbrot	550	– 15 %
Weizenmehl	450	– 25 %
Bier	‹450	– 6 %
Tomaten (während der Saison)	250	– 29 %
Kartoffeln (frisch)	150	– 25 %
Gemüse (frisch)	‹150	– 15 %

Quelle: Öko-Institut

⇢ Biologische Lebensmittel sind, was die Klimabilanz betrifft, eindeutig im Vorteil. Der ist allerdings weniger groß, als vielleicht vermutet. Sie können zwar Ihre Klimabilanz verbessern, wenn Sie Bioprodukte bevorzugen. Mehr Treibhausgase vermeiden Sie aber, wenn Sie insgesamt weniger Fleisch- und Milchprodukte verzehren.

Ökolandbau

Der ökologische oder biologische Landbau unterscheidet sich in vieler Hinsicht von der konventionellen Landwirtschaft. Die Betriebe verwenden keine künstlichen Dünger und Pflanzenschutzmittel – damit schützen sie die Artenvielfalt. Optimierte Fruchtfolge schont die Böden. Die Haltung der Nutztiere vom Rind bis zur Honigbiene findet so artgerecht wie möglich statt. Massentierhaltung auf engem Raum wird abgelehnt. Die verwendeten Futtermittel enthalten weder Antibiotika noch künstliche oder hormonelle Zusätze. Zudem werden keine gentechnisch veränderten Produkte in Futtermitteln und beim Saatgut eingesetzt.

Aber unabhängig davon, ob konventionell oder ökologisch bewirtschaftet, sind große Betriebe häufig effektiver als kleinere. Fahrzeuge und Maschinen sind besser ausgelastet, die Logistik ist optimiert. Daher haben die Erzeugnisse großer Betriebe oft eine günstigere CO_2-Bilanz.

Lebensmitteltransporte

Vermutlich nehmen Sie wie die meisten Konsumenten an, dass Lebensmittel aus Übersee eine vielfach schlechtere Bilanz haben als einheimische oder in Europa erzeugte Ware. In der Tat gibt es einige importierte Waren, die das Klima besonders belasten können. Weintrauben aus Chile, Viktoriabarsch aus Kenia, Mangos aus Brasilien, nach Deutschland transportiert mit dem Flugzeug. Aus Neuseeland eingeflogenes tiefgekühltes Lammfleisch verursacht fast 50-mal mehr Treibhausgase durch den Transport als für die Herstellung. Aber: Überlegen Sie mal. Wie oft haben Sie Papaya, Ananas oder Spargel im Winter im Einkaufswagen? Der Anteil dieser Waren an dem durchschnittlichen Lebensmittel-Warenkorb ist gering. 80 Prozent der Lebensmittel in Deutschland stammen aus EU-Ländern.

Die Transportart zählt

Es ist zudem sehr schwierig, pauschale Bilanzen für diese Waren zu ermitteln. Denn häufig sind sie Beiladungen in Passagiermaschinen, die noch Platz im Frachtraum haben. Viele Südfrüchte wie Bananen reisen mit dem Schiff und reifen während des Transports. Orangen aus Brasilien für Obstsaft werden im Land gepresst, als Konzentrat tiefgefroren und ebenfalls per Schiff verschickt. Die Bilanz großer Frachtdampfer ist wenigstens zehnmal besser als die von Flugzeugen. Berücksichtigt werden muss auch, dass Früchte aus südlichen Ländern nicht in beheizten Treibhäusern wachsen (mehr dazu unter Saisonalität).

CO_2-Anteil für Transport in g pro kg Lebensmittel		
Bei frischem Gemüse	20	14,6 %
Bei Tiefkühlgeflügel	100	2,3 %
Bei Milch	20	2,0 %
Quelle: Öko-Institut		

⋯⋙ Der prozentuale Anteil des Transports an den Emissionen ist mit fast 15 Prozent bei Gemüse deutlich höher als bei anderen Lebensmitteln. Das liegt daran, dass die Emissionen für den Gemüseanbau sehr gering sind. Die Wahl zwischen pflanzlichen und tierischen Produkten spielt eine ungleich größere Rolle für die Klimabilanz als der Transportweg.

Woher – wohin?

Bei Obst und Gemüse ist in den Auslagen der Geschäfte häufig das Herkunftsland angegeben. Mit der folgenden Tabelle können Sie sich zumindest einen Eindruck darüber verschaffen, wie sich Emissionen für die Anlieferung von Obst oder Gemüse nach Herkunft und Transportmittel unterscheiden können.

CO_2-Anteil für Treibstoffverbrauch in g pro kg Ware	
Aus der Region	230
Aus Europa	460
Von Übersee (Schiff)	570
Von Übersee (Flugzeug)	11.000
Quelle: WWF Schweiz	

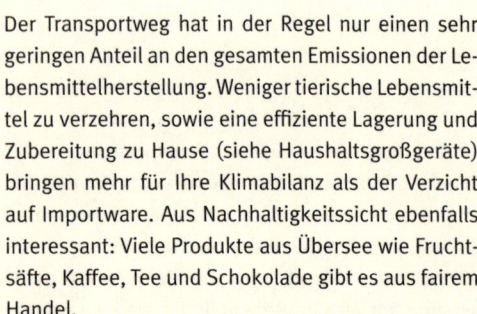

Der Transportweg hat in der Regel nur einen sehr geringen Anteil an den gesamten Emissionen der Lebensmittelherstellung. Weniger tierische Lebensmittel zu verzehren, sowie eine effiziente Lagerung und Zubereitung zu Hause (siehe Haushaltsgroßgeräte) bringen mehr für Ihre Klimabilanz als der Verzicht auf Importware. Aus Nachhaltigkeitssicht ebenfalls interessant: Viele Produkte aus Übersee wie Fruchtsäfte, Kaffee, Tee und Schokolade gibt es aus fairem Handel.

Dennoch ist es natürlich nicht verkehrt, wenn Sie Lebensmittel bevorzugen, die in Ihrer Region produziert werden. Das stärkt die lokale Wirtschaft und verringert die Umweltbelastung durch überregionale Warentransporte etwa durch die Alpen.

Essen außer Haus

Ob Candle-Light-Dinner beim Lieblingsitaliener oder der schnelle Imbiss mittags in der Kantine – statistisch gesehen, verzehren die Deutschen nur knapp ein Achtel aller Mahlzeiten auswärts. Trotzdem ist das für die Klimabilanz sehr schädlich, denn mit fast einem Viertel trägt das zur Klimabelastung im Bereich Ernährung bei. Für eine Mahlzeit außer Haus entstehen deutlich mehr Treibhausgasemissionen, vor allem durch die Raumwärme für Kantinen und Restaurants sowie durch die Zubereitung und Lagerung der Lebensmittel. Fast-Food-Esser, die große Fleischportionen bevorzugen und wenig Gemüse essen, schaden damit nicht nur ihrer Gesundheit, sondern belasten auch das Klima stärker.

Saisonalität

In Deutschland wachsen (noch) keine Orangen, und es gibt ebenfalls keinen heimischen Kaffeeanbau. Bei Süd- oder Tropenfrüchten müssen Sie daher Importware kaufen oder ganz darauf verzichten.

Anders sieht es bei vielen Gemüse- und Obstsorten aus, die auch in Deutschland angebaut werden. Hier macht es einen deutlichen Unterschied, zu welcher Jahreszeit Sie die Ware kaufen. Der Energieaufwand und damit auch die Emissionen für frischen Spargel oder Bohnen außerhalb der Saison können sich vervielfachen.

Obst und Gemüse außerhalb der Saison ist entweder über große Strecken gereist, stammt aus beheizten Treibhäusern oder lagerte über Monate in Kühlhäusern. Das alles ist mit erheblichem Energieaufwand und höheren CO_2-Emissionen verbunden. Gemüse aus einem beheizten Gewächshaus kann zehnmal mehr Treibhausgase verursachen als Saisongemüse vom Feld, selbst wenn es mehr reisen musste.

CO_2 in g pro kg Tomaten	
Konventioneller Anbau im heimischen beheizten Gewächshaus außerhalb der Saison	9.300
Ökologischer Anbau im heimischen beheizten Gewächshaus außerhalb der Saison	9.200
Flugware von den Kanaren	7.200
Konventioneller Anbau im nicht beheizten Gewächshaus	2.300
Freilandtomaten aus Spanien	600
Konventioneller Anbau in der Region während der Saison	85
Ökologischer Anbau in der Region während der Saison	35

Quelle: Universität Gießen; Ökologie & Landbau

⋯⋯> Abhängig von Jahreszeit und Anbauart können Tomaten nicht nur unterschiedlich schmecken, sondern sich auch in ihrer Klimabilanz sehr unterscheiden. Ihre Hauptsaison in Deutschland ist von Juli bis Oktober. Tomaten aus dem Garten oder vom Balkon sind die beste Wahl.

Die Äpfel, die Sie im Frühjahr aus Deutschland kaufen, haben eine lange Winterruhe im Kühlhaus hinter sich. Der Unterschied in der Klimabilanz zu frischen Äpfeln, die mit dem Schiff aus Neuseeland kommen, ist dann nicht mehr groß. Viel entscheidender für die Klimabilanz des Apfelkaufs ist, ob Sie mit dem Auto zum Einkaufen gefahren sind oder nicht.

Ernährungsverhalten

Eine vegane Ernährung, das heißt der völlige Verzicht auf tierische Produkte, ist sicher für die meisten eine wenig reizvolle Vorstellung, obwohl sie die Umweltbelastung im Ernährungsbereich am stärksten verringern würde. Im Folgenden können Sie mit dieser Übersicht die möglichen Einsparpotenziale im Bereich Ernährung abschätzen. Die Menge der vermiedenen Treibhausgase bezieht sich auf die durchschnittliche Emission von 1,65 Tonnen pro Kopf im Jahr.

Vermiedenes CO_2 in kg pro Kopf und Jahr		
Bevorzugt regionale Ware, Verzicht auf Flugimporte	18	– 1 %
Bevorzugt saisonale Ware, Verzicht auf Gewächshausgemüse	83	– 5 %
Ernährung mit 100 % Bioprodukten	99	– 6 %
Verringerung des Fleischkonsums um 20 % (zweimal pro Woche vegetarisch)	99	– 6 %
Vegetarische Ernährung, Verzicht auf Fleischprodukte	429	– 26 %
Vegane Ernährung, Verzicht auf Fleisch- und Milchprodukte	495	– 30 %
Quelle: WWF Schweiz; co2online		

⋯⋙ Durch den Verzicht auf tierische Lebensmittel sowie den Einkauf von möglichst saisonalen Bioprodukten mit geringen Transportwegen könnten Sie etwa 40 Prozent Ihrer Emissionen für Lebensmittel vermeiden.

Verpackung

Es spricht nichts dagegen, möglichst wenig verpackte Ware zu bevorzugen. Aber den Einfluss der Verpackung von Lebensmitteln auf ihre Klimabilanz überschätzen viele Konsumenten. Bei Fleisch und Milchprodukten, bei deren Herstellung große Mengen Treibhausgase entstehen, ist der Anteil äußerst gering, der durch die Verpackung verursacht wird. Selbst bei Gemüse mit seinen geringen Emissionswerten für die Herstellung trägt die Verpackung nur zu einem kleinen Teil zu den Gesamtemissionen des Gemüses bei. Ausnahme Glaskonserven: Sie fallen im wahrsten Sinne mehr ins Gewicht.

CO_2-Anteil für Verpackung in g pro kg Lebensmittel		
Bei frischem Gemüse		
Papiertüte	10	7 %
Kunststoffschale	25	17 %
Bei Gemüse-Konserven		
Weißblechdose	105	21 %
Einwegglas	190	38 %
Bei tiefgekühltem Gemüse		
Kunststofffolie	60	15 %
Quelle: Öko-Institut		

Getränkeverpackungen

Inzwischen hat sich das Chaos mit der Rücknahme von Getränkeverpackungen gebessert. Pfandverpackungen können Sie jetzt in den meisten Geschäften zurückgeben, ohne Pfandmarke oder Kassenbon. Viele Flaschen aus

Kunststoffen wie PET nehmen die Geschäfte zwar zurück, teilweise im wiederverwertbaren Kasten. Sie werden aber nicht wiederbefüllt wie die typische Mehrweg-Glasflasche, sondern nur recycelt.

CO_2 in g pro Liter Getränk	
Einwegverpackung	
1,5-Liter-PET-Flasche	82
1,5-Liter-leichte PET-Flasche (für Wasser ohne Kohlensäure)	88
1-Liter-PET-Flasche	112
1-Liter-Leichtglasflasche	230
0,5-Liter-PET-Flasche	198
0,5-Liter-Aluminiumdose	211
0,5-Liter-Weißblechdose	365
Mehrwegverpackung	
1-Liter-Leichtglasflasche	56
0,5-Liter-Glasflasche	98
0,5-Liter-PET-Flasche	105
Quelle: Umweltbundesamt; ifeu	

⟶ Mehrwegverpackungen sind sowohl bei Glas- als auch bei Kunststoffflaschen die bessere Alternative zu Einwegverpackungen. Ausnahme bilden Getränkekartons, die für Getränke ohne Kohlensäure geeignet sind, und PE-Schlauchbeutel für Milch. Sie haben vergleichbare Klimabilanzen, sofern sie recycelt werden. Mehrwegflaschen legen allein aus wirtschaftlichen Gründen kürzere Transportwege zurück. Und sie helfen, Abfall zu vermeiden. Für ein Kilogramm Abfall fallen im Schnitt 320 g CO_2 an.

Sonstiger Konsum

Die Kleidung und ihre Klimabilanz

Leider gibt es bislang kaum Daten über die Emissionen für die Herstellung von Bekleidung. Inzwischen werden die meisten Kleidungsstücke im Ausland produziert. Allein die Roh- und Vorprodukte können häufig etliche Tausend Kilometer rund um den Globus reisen. Besonders groß sind vor allem die Umweltschäden durch den Anbau von Baumwolle, wegen des enormen Wasserverbrauchs sowie dem Einsatz von Pestiziden und Kunstdünger. 20 Prozent der weltweiten Pestizide landen auf Baumwollfeldern. Deutlich besser schneidet Baumwolle aus ökologischem Anbau ab.

Für ein T-Shirt mit 180 Gramm Gewicht ergibt sich:

CO_2 in g pro T-Shirt	
Baumwolle aus USA, hergestellt in China	7.050
Baumwolle aus China, hergestellt in China	6.500
Baumwolle aus USA, hergestellt in Polen	4.050
Öko-Baumwolle aus Peru, hergestellt in Polen	1.150
Quelle: Öko-Institut	

····> Ökologisch angebaute Baumwolle schneidet auch bei der Treibhausbilanz deutlich besser ab als konventionell hergestellte. Bislang gibt es leider erst wenige Geschäfte, die überwiegend Kleidung aus Biobaumwolle anbieten.

Papier

In allen Umweltschutzaspekten ist Recyclingpapier gegenüber Frischfaserpapier im Vorteil. Der für die Frischfaserpapierproduktion in Deutschland verwendete Zellstoff stammt überwiegend aus Schweden und Finnland, aber auch aus Überseeländern wie Brasilien.

CO_2 in g pro kg Papier	
Papier recycelt (Umweltschutzpapier), nur Produktion	390
Papier-Mix, nur Produktion	790
Papier-Mix, weiß (chlorgebleicht), nur Produktion	1.600
Papier-Mix, bedruckt (Plakate, Einladungen, Flyer)	5.000
Quelle: VfU; 3C	

Zeitungen und Printprodukte

CO_2 in g pro Exemplar	
Große Tageszeitung (Tagesausgabe, Auflage 150.000)	170
Große Tageszeitung (Wochenendausgabe, Auflage 150.000)	330
Zeitschrift (Auflage 62.000)	650
Geschäftsbericht 100-seitig (Auflage 10.000)	6.200
Versandhaus-Katalog	180
Quelle: 3C	

Veranstaltungen, Kongresse, Verpflegung

Die Bilanzen von Veranstaltungen und Kongressen einschließlich An- und Abreise, Organisation, Materialien, Unterkunft und Verpflegung ermitteln Anbieter von Klimaneutralität. Bei diesen können Unternehmen wie Privatleute für den durch Firmenjubiläen oder Hochzeiten verursachten Klimaschaden Klimaschutzmaßnahmen finanziell unterstützen.

CO_2 in kg	
Mahlzeit warm pro Person	5
Mahlzeit kalt (Finger-Food, Frühstück) pro Person	3
Schnittblumen je Kilogramm	11,5
Hochzeit (ca. 100 Teilnehmer)	30.000
Kleiner Kongress (unter 100 Teilnehmern)	10 – 50.000
Mittlerer Kongress (100 – 500 Teilnehmer)	50 – 300.000
Großer Kongress (500 – 1.000 Teilnehmer)	300 – 1.000.000
Open-Air-Konzert (2.000 Besucher)	110.000
Quelle: 3C	

····> Frische Schnittblumen haben leider oft eine außerordentlich schlechte Klimabilanz, da sie häufig mit dem Flugzeug nach Deutschland kommen.

Öffentlicher Konsum

Mit diesem etwas irritierenden Begriff fassen Fachleute die Nutzung der Infrastruktur des Landes zusammen, von Schulen, Krankenhäusern, Straßen, Sozialversicherungssystemen, Gerichten, etc. Das alles kostet nicht nur viel Geld, auch der Ausstoß von Treibhausgasen ist damit verbunden – immerhin über eine Tonne CO_2 pro Kopf und Jahr. Den größten Anteil daran haben das Gesundheits- und das Sozialsystem mit knapp einem Drittel. Knapp 30 Prozent verursachen die öffentliche Verwaltung und die Bundeswehr.

Für den Einzelnen sind zumindest die direkten und kurzfristigen Einflussmöglichkeiten gering. Hier können der Staat oder die Betreiber der Einrichtungen die Emissionen mindern. Allerdings gibt es etliche erfolgreiche Beispiele, wo Einzelne in Schulen und anderen öffentliche Einrichtungen Energiesparmaßnahmen oder die Umstellung auf umweltverträglichere Produkte wie Recyclingpapier angeregt haben.

Das können Sie auch!

Service

Zur Anregung möchten wir Ihnen ein paar Vorschläge mit auf den Weg geben, wodurch Sie CO_2 vermeiden könnten.

8 Päckchen weniger Butter (à 250 g)	– 48 kg
10 kg weniger Tomaten außerhalb der Saison	– 32 kg
8 kg Rindfleisch weniger	– 106 kg
Ein Jahr lang täglich 1 Liter Milch und 1 Ei aus biologischer statt konventioneller Herstellung	– 27 kg
10 T-Shirts aus ökologischer statt konventioneller Baumwolle	– 118 kg
10 Pakete Druckerpapier (à 500 Blatt) aus Recycling- statt chlorgebleichtem Papier	– 15 kg

CO_2-Diätplan

Das mache ich heute:
- Streiche weniger Butter aufs Brot
- Esse kein Fleisch
- Tausche das Papier in meinem Drucker gegen Recyclingpapier

Das mache ich morgen:
- Besorge vegetarische Rezepte
- Hole mir einen Saisonkalender für Obst und Gemüse
- Erkundige mich nach Kleidung aus ökologischer Baumwolle

Das mache ich noch ein bisschen später:
- Lege mein Erspartes in ökologischen Geldanlagen an
- Pflanze Tomaten auf meinem Balkon

Nützliche Adressen

GLS Bank – Diese Bank bietet Geldanlagen in
wirtschaftlich, ökologisch und ethisch sinnvolle
Unternehmen und Projekte, ein CO_2-Rechner ermittelt
den persönlichen CO_2-Fußabdruck
Tel.: 02 34 5 79 71 11
E-Mail: kundenberatung@gls.de
www.gls.de

Ökoadressen – Online-Branchenbuch ökologischer Firmen
www.oekoadressen.de

Robin Wood – Informationen über die Auswirkung des
Papierkonsums und Einkaufsführer für Recyclingpapier
Tel.: 04 21 59 82 88
www.robinwood.de

TransFair – Verein zur Förderung des Fairen Handels
Alles über fairen Handel mit bundesweiten Anbietern
Tel.: 02 21 94 20 40-0
www.transfair.org

**Verbraucher-Informationskampagne EcoTopTen des
Öko-Instituts** – Produktempfehlungen über Konsumartikel
nach ökologischen Kriterien im Internet und als Flyer
Tel.: 07 61 45 29 50
www.ecotopten.de

WWF Deutschland – Saisonkalender für Obst und
Gemüse, Checkliste für den Fischkauf
Tel.: 069 7 91 44-0
www.wwf.de

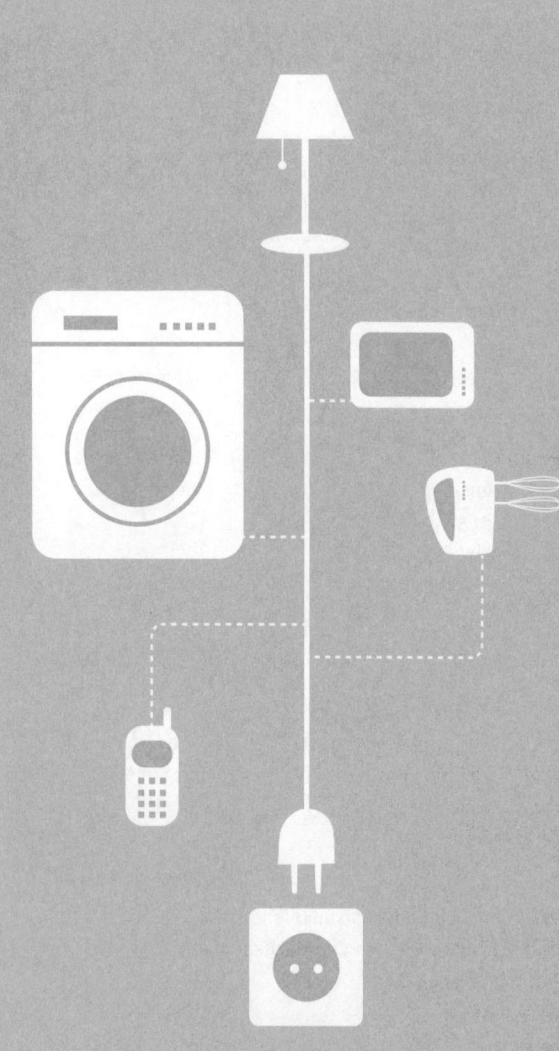

Strom

Unüberschaubare Vielfalt von Elektrogeräten

Haben Sie sich schon mal überlegt, wie viele Geräte bei Ihnen zu Hause mit Strom laufen? Von der Beleuchtung über Küchengeräte, Waschmaschine, Werkzeuge, Gartengeräte, Büro-, Kommunikations- und Unterhaltungselektronik bis hin zu Geräten fürs Putzen und zur Körperpflege, jeden Tag sind sie dutzendweise im Einsatz. Erstaunlich fast, dass pro Kopf und Jahr im Schnitt noch nicht einmal eine Tonne CO_2 auf das Konto von Elektrogeräten geht. Die Menge kann bei Ihnen aber erheblich nach oben oder unten abweichen.

Als Elektrogeräte bezeichnen wir hier alles, was im Betrieb Strom aus der Steckdose verbraucht, also auch Lampen und Computer.

Strom – Energie im praktischen Format

Leider geht beim Erzeugen und Transport von Strom viel Energie verloren. Entsprechend viel CO_2 verursacht daher jede verbrauchte Kilowattstunde Strom: Wir haben 647 Gramm je Kilowattstunde zugrunde gelegt. Das entspricht in etwa den Emissionen aus dem deutschen Strom-Mix, derzeit wird dieser aus 27 Prozent Kernenergie, 23 Prozent Stein- und 21 Prozent Braunkohle sowie aus jeweils 12 Prozent Erdgas und erneuerbaren Energien erzeugt.

Kilowattstunde

Die Leistungsaufnahme eines Geräts von einem Watt (zum Beispiel bei einer Zeitschaltuhr) verursacht jede Stunde einen Stromverbrauch von einer Wattstunde (Wh). Bei 1.000 Stunden Betriebsdauer sind das 1.000 Wh oder eine Kilowattstunde (kWh).

Menschen wie auch Elektrogeräte nutzen Strom oft nicht effizient: Glühbirnen wandeln nur etwa fünf Prozent des Stroms in Licht um, der Rest erzeugt Wärme.

Schwierige Datenermittlung

Die Emissionen einzelner Elektrogeräte miteinander zu vergleichen, ist nicht einfach. Lampen, Fernseher oder Föhn benutzen Sie nur über Stunden oder Minuten. Manche Geräte laufen das ganze Jahr. Der Stromverbrauch der Geräte hängt auch von ihrer Nutzung ab. PCs brauchen bei voller Rechenleistung viel mehr Strom als im Stand-by-Betrieb. Bei Geräten wie Staubsauger, Herd oder Bügeleisen können Sie die Leistungsaufnahme einstellen.

Achten Sie daher in den Tabellen auf die jeweiligen Bezugsgrößen, besonders, wenn Sie zwischen Tabellen vergleichen. Manchmal sind Angaben pro Stunde sinnvoll, manchmal pro Jahr. Oft beruhen die Werte auf Herstellerangaben und weichen vom realen Betrieb zu Hause ab.

Ein paar Zahlen aus Deutschland

Sie und die rund 82,5 Millionen anderen Einwohner ver-
brauchten 2005 etwa 141 Milliarden Kilowattstunden
Strom. Pro Kopf sind das gut 1.700 kWh, mit steigender
Tendenz trotz effizienterer Geräte. Denn in den Haushalten
gibt es immer mehr mit Strom betriebene Geräte.

Haushalte mit mehreren Personen benötigen insgesamt
zwar mehr Strom als kleinere Haushalte, je Haushaltsmit-
glied gerechnet, jedoch weniger. Auch eine Person allein
hat meist einen Kühlschrank, eine Waschmaschine usw.
Unabhängig von der Haushaltsgröße wird in Einfamilienhäusern im Schnitt mehr Strom verbraucht als im Mehrfamilienhaus.

Wohin fließt der Strom im deutschen Haushalt?

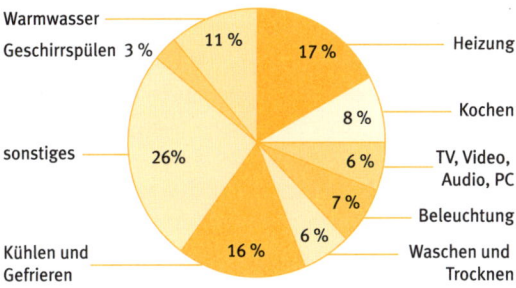

Quelle: VDEW

Ökostrom

Viele Deutsche befürworten klimafreundlichen Strom. Zu Ökostrom zu wechseln, ist ein einfacher Weg, mit – wenn überhaupt noch – geringen Mehrkosten seinen persönlichen CO_2-Ausstoß deutlich zu verringern. Die Emissionen für Ökostrom betragen nur etwa 40 Gramm je Kilowattstunde. Normaler Strom verursacht dafür über 600 Gramm.

Wenn Sie bereits Ökostrom beziehen, dann teilen Sie die CO_2-Angaben für den Stromverbrauch durch 16, um die Zahlen für die Emissionen Ihres Haushalts zu bekommen.

Kommt bei Ökostromkunden tatsächlich Ökostrom aus der Steckdose? Die Antwort lautet: Nein! Der Strom kommt immer aus den nächstgelegenen Kraft- bzw. Umspannwerken. Aber Ökostromkunden erhöhen mit ihrem Geld den Anteil erneuerbarer Energien im deutschen Strom-Mix, wenn Sie den richtigen Anbieter wählen.

Inzwischen haben viele Energieversorger Ökostrom im Angebot. Achten Sie beim Anbieter darauf, dass dieser tatsächlich den Ausbau erneuerbarer Energien fördert. Sonst bleibt der Anteil erneuerbarer Energien am deutschen Strom-Mix trotz neuer Ökostromkunden unverändert. Sie würden dann also Ökostrom bezahlen, ohne dass tatsächlich mehr Ökostrom produziert wird. Mehr dazu finden Sie im Serviceteil.

Haushaltsgroßgeräte

Auf einige Elektrogeräte können wir nicht mehr verzichten, für Kühlschränke und Waschmaschinen gibt es keine alltagstauglichen Alternativen. Die vielen Modelle zeigen aber erhebliche Unterschiede im Energieverbrauch.

Kühlen und Gefrieren

Rund um die Uhr im Einsatz machen sich die Emissionen für Ihre Kühlgeräte in Ihrer Klimabilanz deutlich bemerkbar. Zur ersten Orientierung sehen Sie hier Durchschnittswerte für mehrere Haushaltsgrößen.

CO_2 in kg pro Jahr		
Haushaltsgröße	Kühlschrank	Gefriergerät
1 Person	181	197
2 Personen	201	226
3 Personen	214	269
4 Personen	230	272
Quelle: Lechwerke; co2online		

Bedarf richtig einschätzen

Wie viel CO_2 für Ihre Kühl- und Gefriergeräte erzeugt wird, hängt entscheidend vom Alter der Geräte, ihrer Energieeffizienzklasse, von Größe und Typ und noch einigem mehr ab. Zu große Geräte verbrauchen oft unnötig mehr Strom.

Für Ein- bis Zweipersonenhaushalte reicht ein Kühlschrank mit 100 bis 140 Liter Nutzinhalt. Bei größeren Haushalten rechnet man mit rund 50 Litern pro Person.

Auch Bauform und die Ausstattung entscheiden über den Stromverbrauch. Frei stehende Geräte verbrauchen häufig weniger als Einbaugeräte. Geräte mit (*/***)-Fach sind meist sparsamer als Geräte mit nur (**)- oder (***)-Fächern. Mehrere Zonen unterschiedlicher Temperatur in einem Gerät sind ein hoher technischer Aufwand, der oft einen erhöhten Stromverbrauch verursacht.

Haben Sie gerne Eis im Gefrierfach? Wohl nur als Dessert und nicht als Reifschicht. Warme Speisen im Kühlschrank, undicht verpacktes Gefriergut, alte Türdichtungen und zu langes Öffnen der Türen sorgen für Eisbildung. Spätestens bei einer ein Zentimeter dicken Eisschicht sollten Sie das Gerät abtauen. Das Eis erhöht nicht nur den Stromverbrauch, sondern verringert auch die Kühlleistung. Geräte, die automatisch abtauen (No-Frost-Funktion), sind zwar komfortabel, brauchen aber zwischen zehn und 30 Prozent mehr Strom. Low-Frost- oder Stop-Frost-Funktion verringern nur die Eisbildung, benötigen dafür aber nicht extra Strom.

Verhaltenstipps

Sie können die Emissionen durch Standort und Nutzung beeinflussen. Wir haben das für eine neue Kühl-Gefrierkombination berechnet. Bei einer Umgebungstemperatur von 25 Grad ergeben sich dafür 190 Kilogramm CO_2 im Jahr.

CO_2 in kg pro Jahr		
Verschlechterung durch:		
Kühltemperatur 3 statt 7 Grad	215	+ 13 %
Kühltemperatur 5 statt 7 Grad	210	+ 10 %
Fehlende Zirkulation am Wärmetauscher	210	+ 10 %
Defekte Türdichtung	200	+ 5 %
Halbe Beladung	200	+ 5 %
1 cm dicke Eisschicht im Gefrierfach	200	+ 5 %
Einstellen warmer Speisen	200	+ 5 %
Verbesserung durch verringerte Umgebungstemperatur:		
21 statt 25 Grad	160	− 16 %
17 statt 25 Grad	130	− 32 %
13 statt 25 Grad (etwa im Keller)	90	− 53 %
Quelle: Energieagentur NRW; Verbraucherzentrale NRW; dena; Lechwerke		

Bei Verringerung der Umgebungstemperatur sollten Sie auf die Klimaklasse auf dem Typenschild achten. Klimaklasse N eignet sich von 16° C bis 32° C. Für Aufstellorte bis 10° C sollte das Gerät die Klimaklasse SN haben. Sonst arbeitet unter Umständen der Thermostat nicht richtig oder das Gefrierfach taut ab.

Kühlschränke

In den folgenden Tabellen werden neben dem Bestwert für aktuelle Geräte die Durchschnittswerte der Effizienzklassen von neuen sowie von fünf und zehn Jahre alten Modellen verglichen.

Energieeffizienz-Label

Für Elektrogeräte gibt es das Euro- oder Energieeffizienz-Label mit der Abstufung A bis G. Ursprünglich war ein Gerät der Kategorie A ausgezeichnet und G verschwenderisch. Die Abstufung hilft inzwischen nur noch sehr begrenzt. Bei Kühl- und Gefriergeräten, Waschmaschinen sowie Spülmaschinen gibt es überwiegend A-Geräte, B- und C-Geräte fast nur noch bei Trocknern. Inzwischen sind bei Kühlgeräten die Unterschiede innerhalb der A-Klasse so groß, dass es auch die Abstufungen A+ und A++ gibt.

Nicht immer gibt es für jeden Gerätetyp A++-Geräte. Der Durchschnitt schlechterer Klassen kann gelegentlich unter dem einer besseren Klasse liegen, weil die Effizienzklassen den Stromverbrauch und die Energieeffizienz berücksichtigen. Ein A+-Kühlschrank mit mehreren Temperaturzonen kann daher mehr Emissionen verursachen als ein A-Gerät, bietet aber eine bessere Ausstattung. Es lohnt sich also beim Neukauf, auf den vom Hersteller angegebenen Stromverbrauch genau zu achten.

Kühl-Gefrierkombinationen mit zwei Außentüren

CO_2 in kg pro Jahr

Beste Standgeräte 2007: Quelle Privileg 264 KGK A++ (394.354x) und (690.337x)			117
Standgeräte	**2007**	**2002**	**1997**
A++	128		
A+	177		
A	242	209	200
B	342	341	272
C		399	334
D			394
E			458
F			765
G			1.137
Beste Einbaugeräte 2007: AEG Santo C 91841-4 i; Küppersbusch IKE 309-5 T2; Quelle Privileg 77700 KGKi (789.948x)			135
Einbaugeräte	**2007**	**2002**	**1997**
A++	135		
A+	174		
A	195	192	201
B	242	261	246
C			306
D			363
E			388
F			437
G			505

Quelle: NEI; co2online

Kühlschränke mit (*/***)-Fach mit einer Außentür

CO2 in kg pro Jahr

Beste Standgeräte 2007: Bosch KSL 20S50 und KSL 20S51.52			122

Standgeräte	2007	2002	1997
A+	138		
A	177	158	160
B			199
C			262

Beste Einbaugeräte 2007: Quelle Privileg 94345 KSd(*/***) (606.336x) und 94345 KSi (*/***) (565.529x)			78

Einbaugeräte	2007	2002	1997
A++	99		
A+	131		
A	151	149	140
B	186	183	196
C			243
D			318

Unterbaufähige Tischgeräte 2007			
Bestes Tischgerät: Miele 2329 S			80
A++	83		
A+	109		
A	147		
B	153		

Quelle: NEI; co2online

Kühlschränke ohne Gefrierfach mit einer Außentür

CO_2 in kg pro Jahr

Bestes Standgerät 2007: Zanker ZKC 261			60
Standgeräte	**2007**	**2002**	**1997**
A++	60		
A+	84		
A	106	105	96
B		144	140
C		175	167
D			208
Beste Einbaugeräte: AEG Santo K 88803-4i und Santo K 98800-4 i; Bosch KFR 18451; Juno JRG 90880 Quelle Privileg 70300 i E-Cooler (063.547x)			76
Einbaugeräte	**2007**	**2002**	**1997**
A+	82		
A	100	97	83
B	124	127	126
C		170	155
D			176
Beste nicht unterbaufähige Tischgeräte 2007: Liebherr KTP 1750 w/es; Miele K 2319 S			54
Nicht unterb. Tischgeräte	**2007**	**2002**	**1997**
A++	55		
A+	74		
A	96	93	83
B	122	119	122
C	157		148
D			166

Quelle: NEI; co2online

Gefriergeräte

Sowohl bei Gefrierschränken als auch bei Gefriertruhen gibt es einen großen Anteil an Geräten der Effizienzklasse A++. Gefriertruhen gibt es nur als Standgeräte, aber sie sind sparsamer als vergleichbare Gefrierschränke.

Gefrierschränke

CO2 in kg pro Jahr

Bestes Standgerät 2007: Quelle Privileg 245 GS A++ (046.917x)			105
Standgeräte	**2007**	**2002**	**1997**
A++	135		
A+	166		
A	177	172	179
B	246	241	231
C		266	285
D			304
E			363
F			393
Bestes Einbaugerät 2007: AEG Arctis G 97250-4 i			113
Einbaugeräte	**2007**	**2002**	**1997**
A+	141		
A	135	127	129
B	185	168	171
C		214	212
D			246
E			264

Bestes nicht unterbaufähiges Tischgerät 2007: Liebherr GP 1466 w/es			87
Nicht unterb. Tischgeräte	**2007**	**2002**	**1997**
A++	87		
A+	117		
A	133	132	128
B	184	181	181
C		219	220
D			244
E			281
G			402

Quelle: NEI; co2online

Gefriertruhen

CO2 in kg pro Jahr

Bestes Standgerät 2007: Vestfrost FZ 107 C			76
Standgeräte	**2007**	**2002**	**1997**
A++	108		
A+	145		
A	131	133	142
B	204	182	194
C		153	278
D		342	309

Quelle: NEI; co2online

⋯⋯> Bei Kühl- und Gefriergeräten hat sich viel getan. Die (Mehr-)Kosten für ein effizientes Neugerät können Sie durch die Stromkostenersparnis gegenüber weniger effizienten Geräten schon nach einigen Jahren wieder kompensieren. Wenn Sie nicht sicher sind, ob Sie ein effizientes Gerät haben, können Sie den Energieverbrauch mit einem Strommessgerät ermitteln. Das bekommen Sie bei Verbraucherzentralen und Energieversorgern meist kostenlos. Da Kühlgeräte nicht kontinuierlich Strom verbrauchen, sollte die Messung mindestens 24 Stunden dauern.

Entsorgen, was noch funktioniert? Für die Umwelt lohnt sich bereits der Austausch Ihres durchschnittlichen Kühlschrankes aus dem Jahr 2000 gegen ein neues Gerät der Energieeffizienzklassen A+ oder A++, trotz des Aufwandes für Entsorgung und Herstellung des Neugeräts. Wichtig: Die Geräte fachgerecht entsorgen! Kühlflüssigkeit und Dämmmaterialien können sonst das Klima erheblich schädigen.

Ob sich der Ersatz Ihres Kühlgeräts für Sie empfiehlt, können Sie auch mit dem Energiespar-Ratgeber KühlCheck im Internet auf www.klima-sucht-schutz.de überprüfen.

Waschmaschinen

Für die Klimabilanz von Waschmaschinen ist der Stromverbrauch viel entscheidender als der Wasserverbrauch. Die Bereitstellung von 1.000 Litern (einem Kubikmeter) Trinkwasser und die Aufbereitung des Abwassers verursachen nur etwa 622 Gramm CO_2. Das ist zwar fast so viel, wie eine Kilowattstunde Strom verursacht, nämlich 647 Gramm CO_2. Doch eine 15 Jahre alte Waschmaschine verbraucht im Zweipersonenhaushalt im Jahr nur rund elf Kubikmeter Wasser, wohl aber 116 Kilowattstunden Strom.

Durchschnittliche Jahresemissionen für Strom und Wasserverbrauch von Waschmaschinen bei unterschiedlichen Haushaltsgrößen:

CO_2 in kg pro Jahr

Haushaltsgröße	15 Jahre alte Waschmaschine	Neue Waschmaschine
1 Person	70	34
2 Personen	127	62
3 Personen	197	102
4 Personen	233	103

Quelle: Lechwerke; co2online

Verhaltenstipps

Besonders durch die Wahl der Waschtemperatur können Sie die Emissionen deutlich verringern. In den seltensten Fällen benötigen Sie heutzutage das Kochwäsche-Programm. Auch auf Vorwäsche können Sie bei normaler Verschmutzung verzichten. Mit den gängigen Waschmitteln reichen sogar 30 bis 40 Grad für die meisten Wäschen. Für die folgende Beispielrechnung gehen wir von einem heute üblichen Neugerät aus. Bei 95 Grad mit Vorwäsche verursacht es pro Waschgang 1.400 Gramm CO_2, allein für den Stromverbrauch.

CO₂ in g pro Waschgang		
Verbesserung durch:		
95 Grad ohne Vorwäsche	1.250	– 10 %
60 Grad	950	– 30 %
60 Grad ohne Vorwäsche	850	– 40 %
40 Grad	300	– 80 %
Energiesparprogramm	850	– 40 %
95 Grad, mit Warmwasseranschluss	950	– 30 %
60 Grad, mit Warmwasseranschluss	550	– 60 %
40 Grad, mit Warmwasseranschluss	150	– 90 %
Quelle: Energieagentur NRW; EcoTopTen		

····⟩ Die Höhe der Einsparung bei Anschluss an die Warmwasserleitung hängt von der Art ab, wie das warme Wasser bei Ihnen erzeugt wird und wie lang die Leitungen sind. Bei kombinierter Solar-/Gaswarmwasserbereitung sind es etwa 30 Prozent, bei Fernwärme 20 Prozent und bei normalem Öl- oder Gaskessel 10 Prozent. Ob Ihr Gerät für einen Warmwasseranschluss geeignet ist, erfahren Sie entweder aus der Bedienungsanleitung oder beim Hersteller.

Vermeiden Sie Spitzenzeiten, wenn Sie verbrauchsstarke Elektrogeräte verwenden. Der Strom ist zwar nicht billiger, kann aber von Kraftwerken mit weniger klimaschädlichen Auswirkungen bereitgestellt werden. Hauptsaison für Waschmaschinen ist montags früh um 9 Uhr.

In den folgenden Tabellen können Sie wie schon bei den Kühlgeräten die Emissionen verschiedener Bauformen miteinander vergleichen. Angegeben sind die durchschnittlichen Emissionen für Strom und Wasser.

Frontlader Waschmaschinen

CO_2 in g pro Waschgang (60 Grad)

Tischgeräte	2007	2002	1997*
Bestes Gerät	460		
A	680	640	
B	730	700	
C		840	750
Unterbaufähige Geräte			
Bestes Gerät	460		
A	670	640	
B	730	720	760

Quelle: NEI; co2online

* noch keine Unterteilung in Energieeffizienzklassen

Toplader Waschmaschinen

CO_2 in g pro Waschgang (60 Grad)

Standgeräte	2007	2002	1997*
Bestes Gerät	570		
A	610	600	
B		710	
C		820	760

Quelle: NEI; co2online

Wäschetrockner

In den letzten zehn Jahren hat sich die Zahl der Wäschetrockner in deutschen Haushalten verdoppelt.

Durchschnittliche Jahresemissionen von Neugeräten:

CO_2 in kg pro Jahr	
Haushaltsgröße	
1 Person	81
2 Personen	146
3 Personen	210
4 Personen	301
Quelle: Lechwerke; co2online	

Verhaltenstipps

Wie bei Waschmaschinen gilt: Möglichst nur bei voller Beladung betreiben. Zwei Gänge mit halber Beladung verursachen mehr CO_2 als eine volle Maschine. Es lohnt sich, die Wäsche vorher gut zu schleudern, wenn der Trockner nicht sehr effizient arbeitet. Wir gehen bei einem Standard-Ablufttrockner von 2.150 g CO_2 je Trocknung aus.

CO_2 in g pro Trocknung		
Verbesserung durch:		
Besser geschleuderte Wäsche einfüllen	1.600	– 25 %
Verschlechterung durch:		
Zweimal halbe Beladung statt einer Vollbeladung	3.000	+ 40 %
Quelle: Energieagentur NRW; Verbraucherzentrale NRW		

Sparsame Neugeräte

Auf die richtige Technik kommt es an, das gilt besonders für Wäschetrockner. Hier gibt es große Unterschiede.

CO_2 in g pro Trocknung	
Ablufttrockner Standard	2.150
Ablufttrockner Gasbetrieb	150
Ablufttrockner Kaltluftbetrieb	500
Kondenstrockner Standard	2.250
Kondenstrockner mit Wärmepumpe	1.150
Quelle: Energieagentur NRW	

⋯⋯> Überlegen Sie, ob Sie einen Wäschetrockner überhaupt brauchen. Sonnen- und Windenergie trocknet Ihre Wäsche auf der Leine kostenlos und klimaneutral.

Vergleich Wäschetrockner

Aufgrund der je nach Technik erheblichen Unterschiede geben wir in der nächsten Tabelle den jeweils besten und schlechtesten Wert für jede Effizienzklasse an.

CO_2 in g pro Trocknung	Bester Wert	Schlechtester Wert
Tischgeräte 2007		
A	190	1.620
B	2.140	3.040
C	1.810	3.560

CO2 in g pro Trocknung / Vergleich Wäschetrockner

	Bester Wert	Schlechtester Wert
Tischgeräte 2002		
noch keine Unterteilung in Energieeffizienzklassen	1.160	2.830
Tischgeräte 1997		
noch keine Unterteilung in Energieeffizienzklassen	1.130	3.180
Unterbaufähige Geräte 2007		
A	190	1.620
B	2.140	3.040
C	1.620	3.560
Unterbaufähige Geräte 2002		
noch keine Unterteilung in Energieeffizienzklassen	160	2.830
Unterbaufähige Geräte 1997		
noch keine Unterteilung in Energieeffizienzklassen	270	2.830

Quelle: NEI; co2online

Geschirrspüler

Sowohl beim Wasser- als auch beim Stromverbrauch sind heutige Geräte viel sparsamer als noch vor 15 Jahren. Die durchschnittlichen Jahresemissionen für Strom und Wasserverbrauch von Spülmaschinen bei unterschiedlichen Haushaltgrößen finden Sie in der nächsten Tabelle.

CO$_2$ in kg pro Jahr		
Haushaltsgröße	**15 Jahre alte Spülmaschine**	**Neue Spülmaschine**
1 Person	158	53
2 Personen	230	70
4 Personen	402	126
Quelle: Lechwerke; co2online		

Verhaltenstipps

Den meisten Strom benötigt die Spülmaschine für die Wassererwärmung. Wie bei der Waschmaschine kann es rentabel sein, sie an die Warmwasserleitung anzuschließen.

CO$_2$ in g pro Spülgang		
Sparsames Neugerät, Breite 60 cm	700	
Temperatur senken von 60 auf 50 Grad	500	– 30 %
mit Warmwasseranschluss	300	– 60 %
Sparsames Neugerät, Breite 45 cm	500	
mit Warmwasseranschluss	250	– 50 %
Quelle: Energieagentur NRW; Lechwerke; co2online		

Vergleich Spülmaschine und Handspülen

Eine klare Antwort, ob das Geschirrspülen von Hand oder in einer Spülmaschine umweltschonender ist, gibt es nicht, denn das hängt von der Handspültechnik, der Art der Warmwasserbereitung, der Geschirrmenge und der Effizienz der Spülmaschine ab.

CO2 in g pro Spülgang / Vergleich Spülmaschine und Handspülen	
Normale Spülmaschine, 12 Gedecke, 65 Grad	900
Handspülen, gleiche Geschirrmenge, 50 Grad (3 mal 15 Liter), Warmwasserbereitung mit Strom	1.300
Handspülen gleiche Geschirrmenge, 50 Grad (3 mal 15 Liter), Warmwasserbereitung mit Gas	600 – 800

Quelle: Energieagentur NRW; Lechwerke; co2online

Geschirrspüler

In den folgenden Tabellen finden Sie die durchschnittlichen Emissionen für Strom und Wasser von neuen Modellen.

CO2 in g pro Spülgang		
Breite des Geschirrspülers:	**45 cm**	**60 cm**
Sologeräte		
Bestes Gerät	520	680
A	540	690
B	590	810
C	720	940
Unterbaufähige Geräte		
Bestes Gerät	520	650
A	540	690
B	590	800
C	720	930
Einbaugeräte		
Bestes Gerät	520	650
A	540	690
B	580	820

Quelle: NEI; co2online

Kochen und Backen

Mit Gas kochen zwar die Profis, aber die meisten Haushalte sind mit Elektroherden ausgestattet. Hierbei gibt es inzwischen eine Vielzahl unterschiedlicher Systeme, die sich vor allem im Preis sehr unterscheiden können.

Durchschnittliche Jahresemissionen:

CO_2 in kg pro Jahr	
Haushaltsgröße	
1 Person	142
2 Personen	265
3 Personen	304
4 Personen	388
Quelle: Energieagentur NRW	

Wasserkocher

Emissionen für das Kochen von 1,5 Liter Wasser:

CO_2 in g	
Elektrokochplatte	170
Glaskeramikplatte	
mit Infrarot	140
mit Halogen	150
mit Induktion	120
Klassischer Gasbrenner	83
Gasbrenner auf Glaskeramik	120
Wasserkocher	100
Quelle: Stiftung Warentest; co2online	

Die Effizienz der Heißwasserbereitung unterscheidet sich je nach Wassermenge.

CO₂ in g				
Wassermenge in Liter	**1/4**	**1/2**	**3/4**	**1**
Elektrokochplatte	52	65	91	110
Mikrowelle	32	65	91	116
Wasserkocher	26	39	58	78
Kaffeemaschine	19	32	45	58

Quelle: Verbund Österreichische Elektrizitätswirtschaft

Verhaltenstipps

Jeder Topf hat seinen Deckel – in vielen Haushalten scheint der aber verlorengegangen zu sein. Mit einem Schnellkochtopf vermeiden Sie bis zu 60 Prozent CO_2, beim Brötchenaufbacken auf dem Toaster statt im Ofen bis zu 70 Prozent. Ein paar Fälle haben wir hier durchgerechnet:

CO₂ in g		
Auf dem Herd 1,5 Liter Wasser kochen	170	
Kochen ohne Deckel	510	+ 200 %
Zu kleiner Topf für Plattengröße	240	+ 40 %
Unebener Topfboden	240	+ 40 %
Schlecht genutzte Restwärme	200	+ 15 %
Im Backofen Nudelauflauf oder ein Blech Pizza backen	800	
Verzicht auf Vorheizen das Backofens	640	– 20 %
Umluftfunktion des Backofens nutzen	480	bis – 40 %

Quelle: Lechwerke; Verbraucherzentrale NRW; Vattenfall; co2online

Elektrokleingeräte

Die kleineren Elektrogeräte unterscheiden sich in ihrem Stromverbrauch erheblich. Viele brauchen nur wenig Strom oder werden nur kurz benutzt, in der Summe aber schlagen sie durchaus zu Buche. Nicht zuletzt, weil viele Geräte auch »abgeschaltet« heimlich Strom verbrauchen.

Durchschnittliche Jahresemissionen:

CO_2 in kg pro Jahr		
Haushaltsgröße	**Kleingeräte ohne Fernseher**	**Fernseher**
1 Person	168	78
2 Personen	291	97
3 Personen	408	123
4 Personen	446	133
Quelle: Lechwerke		

···> Bei einem täglichen Fernsehkonsum von drei Stunden kann in deutschen Haushalten durchaus einiges an CO_2-Emissionen für die Daily Soaps, Nachrichten und Sonntagabendkrimis zusammenkommen.

Unterhaltung, Büro und Kommunikation

Kleinere Fernsehgeräte machen in der Regel weniger Spaß, aber auch weniger CO_2. Für neue Unterhaltungselektronik finden Sie hier Werte für unterschiedliche Größen und Techniken. Bei den meisten Geräten ist der Wert des derzeit sparsamsten sowie eines ineffizienten Geräts angegeben.

CO2 in g pro Stunde / Unterhaltung Büro und Kommunikation

Herkömmlicher Röhrenfernseher				
Durchschnittliches Gerät				50 – 60
LCD-Fernseher*				
Bildschirmdiagonale in cm	**‹ 66**	**‹ 80**	**‹ 90**	**› 90**
Bestes Gerät	22	29	71	74
Ineffizientes Gerät	45	91	91	226**
DVD-Rekorder				
Bestes Gerät mit Festplatte				19
Bestes Gerät ohne Festplatte				11

Monitore					
Zoll	**15**	**17**	**19**	**20**	**ab 21**
Bestes Gerät	12	16	16	27	23
Ineffizientes Gerät	55	49	71	78	78

PC	
Bestes Gerät	16
Notebooks	
Bestes Gerät	11
Scanner	
Bestes Gerät	10

Quelle: Toptest; dena / * Flachbildschirme / ** Plasmafernseher

Da Notebooks häufig mit Akkubetrieb arbeiten, sind sie für niedrigen Stromverbrauch ausgelegt. Bei PCs hängt dieser von der Ausstattung ab und wie sie benutzt werden. Sie sollten daher gut überlegen, wofür Sie einen Computer tatsächlich benötigen. In Arbeitspausen lohnt es sich, den PC in den Stand-by-Modus zu schalten. Röhrenbildschirme (CRT-Monitore) sind von ihrem Stromverbrauch übrigens deutlich schlechter als Flachbildschirme (TFT-Monitore).

Leerlaufverluste

Eigentlich sind Stand-by- und Sleep-Modus Stromsparfunktionen, wenn der Betrieb kurz unterbrochen ist. Leider verharren viele Geräte in diesem Zustand auch länger, etwa über Nacht. Manche schalten aus Bequemlichkeit Stereoanlage oder Fernseher nie ganz aus. Oft sind Ausschaltknöpfe gut versteckt oder gar nicht vorhanden. Diese unnötigen Verbräuche heißen Leerlaufverluste.

Drucker und Kopierer

CO_2 in g pro Stunde (im Sleep-Modus)

Tintenstrahldrucker	A4	A3	A4 und A3
Bestes Gerät	‹ 1	‹ 1	1
Ineffizientes Gerät	10	19	9
Farblaserdrucker			
Bestes Gerät			3
Ineffizientes Gerät			29
s/w Laserdrucker			
Bestes Gerät			1
Ineffizientes Gerät			13
Kopierer			
Bestes Gerät			‹ 1
Ineffizientes Gerät			26

Quelle: Toptest

Faxgeräte

CO2 in kg pro Jahr (im Stand-by-Betrieb)

Faxgeräte	Kleinbüro	Zentrale
Bestes Gerät	9	2
Ineffizientes Gerät	43	272
Mobiltelefon		
Bestes Gerät		‹ 2

Quelle: Toptest

Küche, Bad und Haushalt

Oft sind sie nur kurz in Mode oder gut gemeinte Geschenke – Raclette-Grill, Eiswürfelzerkleinerer und Mundpflegestation. Ihr Stromverbrauch ist wegen kurzen Nutzungszeiten vernachlässigbar. Anders sieht es mit Luftbefeuchtern, Klimageräten oder Espressomaschinen aus, die viele Stunden am Tag in Benutzung oder Bereitschaft sind.

CO2 in g pro Stunde

Espressomaschinen *	
Bestes Gerät	15
Ineffizientes Gerät	24
Luftbefeuchter	
Bestes Gerät	8
Ineffizientes Gerät	324
Mobile und Kompaktklimaanlagen	
Bestes Gerät	498
Ineffizientes Gerät	647

Quelle: Toptest / * im Bereitschaftsbetrieb

Auf vielen Elektrogeräten wird nur die maximale Leistungsaufnahme angegeben. Beträgt diese für einen Staubsauger 1.400 Watt, heißt das: Er verbraucht bei voller Leistung pro Stunde 1.400 Wattstunden, also 1,4 Kilowattstunden. Das verursacht dann rund 900 Gramm CO_2, ausgehend von 647 Gramm CO_2 pro Kilowattstunde.

CO_2 in g pro Stunde (nach maximaler Leistungsaufnahme)

Küche *	
Brotbackautomat	388
Eierkocher	259
Elektrisches Fondue	518
Elektromesser	116
Friteuse	1.618
Handrührer	259
Kaffeemaschine	906
Mikrowellengerät	
mit 700 Watt	453
mit 800 Watt	518
Raclette	712
Reiskocher	453
Stabmixer	388
Standmixer	388
Tischgrill	1.294
Toaster	712
Waffeleisen	647
Wasserkocher	
mit 1.000 Watt	647
mit 2.200 Watt	1.423
Zitruspresse	55

CO2 in g pro Stunde / Küche, Bad und Haushalt

Haushalt *	
Dampfbügeleisen	1.553
Dampfreiniger	971
Handstaubsauger	16
Hochdruckreiniger	1.229
Staubsauger	
mit 1.400 Watt	906
mit 2.200 Watt	1.423
Körperpflege *	
Elektrorasierer	13
Haartrockner	1.294
Lockenbürste	259
Unterhaltung *	
MP3-Player	8
Radiorekorder	39
Radiowecker mit CD-Player	65
Werkzeug *	
Bandschleifer	712
Handkreissäge	653
Hobel	485
Schlagbohrmaschine	776
Stichsäge	324
Gartenarbeit *	
Rasenmäher	1.035
Gartenhexler	1.423
Heckenschere	291
Laubsauger	1.294

Quelle: co2online / * Beispielwerte eines Modells

Stand-by – auch Kleinvieh macht Mist

Obwohl Sie alle Lichter im Büro oder zu Hause ausgeschaltet haben, leuchtet es hier und dort noch rot und grün, denn einige Geräte bleiben am Netz. Benötigt ein Gerät im Stand-by-Betrieb nur ein Watt, summiert sich durch den Stromverbrauch über die 8.760 Stunden des Jahres die Emission zu etwa 5,7 Kilo CO_2. Das können Sie mit wenig Aufwand vermeiden.

Sie erkennen den unnötigen Stromverbrauch daran, dass Geräte sich auch im abgeschalteten Zustand per Fernbedienung einschalten lassen oder ihre elektronische Anzeigen und Lämpchen ständig leuchten (häufig bei Unterhaltungselektronik). PCs haben oft keinen echten Ausschalter, der das Gerät vom Stromnetz trennt. Auch warme oder brummende Transformatoren bei vielen Halogenleuchten, Ladestationen oder Druckern zeigen an, dass Strom fließt.

Beim Aufspüren der heimlichen Stromverschwender helfen Energiemessgeräte, die Sie bei Verbraucherzentralen und Energieversorgern gewöhnlich kostenlos leihen können.

Die Jahresangaben in den nachfolgenden Tabellen beziehen sich auf die für die Geräte durchschnittliche Stand-by-Betriebsdauer.

Unterhaltungselektronik

Wegen der gerundeten Werte gibt es bei scheinbar gleichen Stundenwerten zum Teil deutliche Unterschiede in den Jahresemissionen.

CO_2 in g pro Stunde sowie in kg pro Jahr

	Pro Stunde	Pro Jahr
Gewöhnlicher Röhrenfernseher	4–8	27–54
Sparsamer Röhrenfernseher	‹1	0,5–4
LCD-Fernseher	1–4	7–27
Plasma-Fernseher	1–2	7–14
Antennenverstärker (durchschnittl. Neugerät)	3	18
Satellitenempfänger (durchschnittl. Neugerät)	13	90
Satellitenempfänger (sparsames Gerät)	2	13
Videogerät (durchschnittl. Neugerät)	10	81
Videogerät (sparsames Gerät)	‹1	5
DVD-Spieler (durchschnittl. Neugerät)	5	33
DVD-Spieler (sparsames Gerät)	‹1	4
Tragbares Audiogerät (durchschnittl. Neugerät)	3	21
CD-Player (durchschnittl. Neugerät)	4	33
CD-Player (sparsames Gerät)	‹1	0,5
HiFi-Komplett-Anlage (durchschnittl. Neugerät)	8	62
HiFi-Komplett-Anlage (sparsames Gerät)	‹1	5
HiFi-Verstärker (durchschnittl. Neugerät)	6	47
HiFi-Verstärker (sparsames Gerät)	‹1	5

Quelle: Bund der Energieverbraucher;
Verbraucherzentrale NRW; dena

⋯⋯> Satellitenempfänger und Videorekorder verursachen zum Teil erhebliche Emissionen im Stand-by-Betrieb. Achten Sie beim Kauf auf einen sparsamen Stand-by-Modus.

> Abhilfe gegen Leerlaufverluste schaffen Sie mit schaltbaren Steckerleisten. Für schlecht zugängliche Stellen gibt es diese auch mit einem verlängerten Schalter. Sie können alternativ eine funkgesteuerte Steckdose zum An- und Abschalten verwenden.

Büro- und Kommunikationsgeräte

Die Jahresangaben beziehen sich auf den für die Geräte durchschnittlichen Stand-by-Betrieb. Wegen der gerundeten Werte gibt es bei scheinbar gleichen Stundenwerten zum Teil deutliche Unterschiede in den Jahresemissionen.

CO_2 in g pro Stunde sowie in kg pro Jahr (220 Arbeitstage)

	Pro Stunde	Pro Jahr
PC mit Monitor (durchschnittl. Neugerät)	65	28
PC mit Monitor (sparsames Gerät)	2	0,7
Notebook (durchschnittl. Neugerät)	2	0,9
Notebook (sparsames Gerät)	2	0,7
Laserdrucker (durchschnittl. Neugerät)	52	68
Laserdrucker (sparsames Gerät)	3	4
Tintenstrahldrucker (durchschnittl. Neugerät)	6	9

CO2 in g pro Stunde sowie in kg pro Jahr (220 Arbeitstage) Büro und Kommunikationsgeräte	Pro Stunde	Pro Jahr
Tintenstrahldrucker (sparsames Gerät)	3	4
Modem (durchschnittl. Neugerät)	5	27
Modem (sparsames Gerät)	2	11
Faxgerät (durchschnittl. Neugerät)	8	41
Faxgerät (sparsames Gerät)	3	14
Telefon schnurlos (durchschnittl. Neugerät)	3	16
Telefon schnurlos (sparsames Gerät)	3	13
Anrufbeantworter (durchschnittl. Neugerät)	3	14
Anrufbeantworter (sparsames Gerät)	1	5
Mobiltelefon mit Ladestation	1	7
DSL-Router mit WLAN*	8	34

Quelle: Bund der Energieverbraucher; Verbraucherzentrale NRW; dena / * Diese Geräte sind immer im Normalbetrieb.

Für Faxgeräte, die immer empfangsbereit sein müssen, gibt es »Power-Saver«. Sie verbrauchen fast keinen Strom und setzen das Faxgerät nur für den Empfang oder Versand unter Strom.

Haushaltsgeräte

Da die Stundenwerte gerundet sind, gibt es in der folgenden Tabelle bei scheinbar gleichen Stundenwerten zum Teil deutliche Unterschiede in den Jahresemissionen.

CO_2 in g pro Stunde sowie in kg pro Jahr

	Pro Stunde	Pro Jahr
Elektroherd mit Uhr (durchschnittl. Neugerät)	4	31
Elektroherd mit Uhr (sparsames Gerät)	2	16
Mikrowelle mit Uhr (durchschnittl. Neugerät)	4	31
Mikrowelle mit Uhr (sparsames Gerät)	2	16
Kaffeemaschine mit Uhr (durchschnittl. Neugerät)	3	18
Radiowecker (durchschnittl. Neugerät)	1	8
Steckernetzteil (durchschnittl. Neugerät)	1	11
Steckernetzteil (sparsames Gerät)	‹1	3
Zahnbürste elektrisch (durchschnittl. Neugerät)	3	27
Zahnbürste elektrisch (sparsames Gerät)	2	16
Warmwasserboiler (durchschnittl. Neugerät)	16	136
Kleinwasserspeicher (durchschnittl. Neugerät)	11	92

Quelle: Bund der Energieverbraucher; Verbraucherzentrale NRW; dena

⋯⋯> Achtung bei der ohnehin schon sehr ineffizienten Warmwasserbereitung mit Strom: Boiler und Kleinwasserspeicher sind zwischen den Aufheizphasen häufig ununterbrochen im Stand-by. Hier können Sie einige CO_2-Emissionen vermeiden.

Untertisch-Heißwasserspeicher sind oft schlecht zugänglich und laufen daher rund um die Uhr. Kürzere Betriebszeiten sparen nicht nur Strom, sondern verringern auch die Verkalkung und erhöhen ihre Lebensdauer.

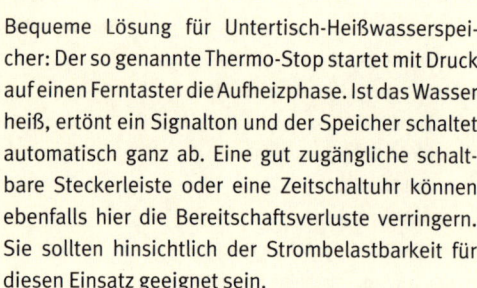

Bequeme Lösung für Untertisch-Heißwasserspeicher: Der so genannte Thermo-Stop startet mit Druck auf einen Ferntaster die Aufheizphase. Ist das Wasser heiß, ertönt ein Signalton und der Speicher schaltet automatisch ganz ab. Eine gut zugängliche schaltbare Steckerleiste oder eine Zeitschaltuhr können ebenfalls hier die Bereitschaftsverluste verringern. Sie sollten hinsichtlich der Strombelastbarkeit für diesen Einsatz geeignet sein.

Beleuchtung

Energiesparlampen sind auf dem Vormarsch. Das Verbot von Glühbirnen ist bereits im Gespräch. Energiesparlampen brauchen etwa ein Fünftel des Stroms von Glühbirnen und leuchten statt mit Glühfaden durch Gasentladung. Fachleute nennen sie Kompaktleuchtstofflampen.

Durchschnittliche Jahresemissionen für Beleuchtung:

CO_2 in kg pro Jahr	
Haushaltsgröße	
1 Person	126
2 Personen	185
3 Personen	214
4 Personen	281
Quelle: Lechwerke	

Energiesparlampen und Leuchtstofflampen

Die Beleuchtung beansprucht unter zehn Prozent des jährlichen Stromverbrauches. Auch wenn sich daher insgesamt nur vergleichsweise wenig CO_2 bei der Beleuchtung in einem einzelnen Privathaushalt durch Energiesparlampen vermeiden lässt, ist der Aufwand dafür außerordentlich gering. Zudem rechnet er sich finanziell sehr bald durch die gesparten Stromkosten. Wo Lampen länger als eine halbe Stunde am Tag brennen, lohnen sich Energiesparlampen sowie andere Leuchtstofflampen. Sie sind nicht nur sparsam, sondern halten auch wesentlich länger.

Formen und Farben

Sie brauchen inzwischen nicht mehr zu fürchten, dass nach dem Austausch von Glühbirnen mit Sparlampen jegliche Gemütlichkeit im bläulich weißen Energiesparlicht abhandenkommt. Mittlerweile gibt es viele Energiesparlampen auch in den Lichtfarben Warmweiß und Extra-Warmweiß und sogar welche, die gedimmt werden können.

Auch von der Form her sind einige ebenfalls kaum noch von Glühbirnen zu unterscheiden. Sie sind dann als Kerze, Birne oder Kugel zusätzlich mit Glas umhüllt. Für die gleiche Helligkeit sollten diese etwa zwei bis fünf Watt mehr haben als eine unverkleidete Energiesparlampe. Es ist sinnvoll, sich zu informieren, welche Sparlampe für welchen Einsatzzweck und Ort geeignet ist.

Lampe oder Leuchte?

Lampen sind Leuchtmittel wie Halogen- und Leuchtstofflampen oder Glühbirnen. Sie sind üblicherweise in einer Leuchte, der »Hardware«, befestigt. Die ist das, was auf dem Schreibtisch steht oder an der Decke hängt. Oft spricht man von Lampen wie etwa Deckenlampen, wenn man eigentlich die Leuchten meint.

Der Herstellungsaufwand für eine Energiesparlampe beträgt weniger als ein Hundertstel des Energieverbrauches während ihrer Lebensdauer. Gute Hersteller bieten bereits Garantien auf die Brenndauer von ein paar Tausend Stunden Betrieb. Sind sie dann irgendwann kaputt, dürfen Sie diese nicht einfach in den Müll werfen. Sie enthalten recycelbare Schwermetalle und müssen entsorgt werden.

Wenn Sie häufig vergessen, in unbenutzten Räumen das Licht abzuschalten, können Sie Lichtschalter mit Kontrolllampen einsetzen. Oder Sie bauen gleich einen Lichtschalter mit integriertem Bewegungsmelder und/oder Zeitschaltuhr ein. Sie schalten das Licht selbsttätig aus. Dank eines Dimmers gehen sie nicht an, wenn es ohnehin hell ist. Und per Hand können Sie diese auch auf Dauerlicht stellen.

Halogenlampen

In den Achtzigerjahren waren Halogenlampen der letzte Schrei. Seither sind sie in vielen Haushalten verbreitet. Es sind verbesserte und sehr kompakte Glühlampen. Sie wandeln den Strom immerhin zu 15 Prozent in Licht um. (Bei Glühbirnen sind es nur fünf bis zehn Prozent, bei Energiesparlampen 35 Prozent.)

Niederspannungs-Halogenlampen

Bei diesen ist ein Transformator vorgeschaltet. Bleibt er nach dem Abschalten am Stromnetz, verursacht er oft Leerlaufverluste. Bei Niedervolt-Halogenleuchten können Sie Halogenlampen mit Infrarotbeschichtung (IRC) verwenden. Die sind etwas teurer, wandeln aber 20 Prozent des Stroms in Licht um und verbrauchen daher rund ein Drittel weniger Strom und halten doppelt so lange.

Netzspannungs-Halogenlampen

Diese arbeiten mit der normalen Netzspannung, deswegen können Sie sie bei Leuchten mit normalen Schraubfassungen gegen Energiesparlampen austauschen. Es gibt sie aber nicht mit Infrarotbeschichtung.

Ein 300-Watt-Strahler verursacht bei täglich nur einer Stunde Brenndauer über 70 Kilogramm CO_2 pro Jahr. Und selbst bei gedimmtem Licht brauchen Sie damit noch vergleichsweise viel Strom.

Lampen im Vergleich

Abhängig von ihrer jeweiligen Wattzahl unterscheiden sich die CO_2-Emissionen für Lampen. Die Wattzahlen einer Zeile entsprechen Lampen mit gleichen Helligkeiten. Daraus ergibt sich der Spareffekt bei Energiesparlampen. Statt einer 100-Watt-Glühbirne reicht eine 20-Watt-Energiesparlampe, um einen Raum gleich hell zu beleuchten.

Da manche Energiesparlampen mit den Jahren etwas Helligkeit einbüßen, gehen Sie auf Nummer sicher, wenn Sie welche mit der nächsthöheren Wattzahl verwenden.

Energiesparlampen strahlen den größten Teil ihres Lichtes je nach Form in bestimmte Richtungen. Fragen Sie daher beim Fachhändler, welche Formen für Ihren Zweck besonders geeignet sind.

CO_2 in g pro Stunde

Glühlampe		»Nackte« Energie-sparlampe		Energiesparlampe mit zusätzlichem Glaskolben	
15 Watt	10	3 Watt	2	5 Watt	3
25 Watt	16	5 Watt	3	7 Watt	5
40 Watt	26	7 Watt	5	9 Watt	6
60 Watt	39	11 Watt	7	16 Watt	10
75 Watt	49	15 Watt	10	20 Watt	13
100 Watt	65	20 Watt	13	23 Watt	15
120 Watt	78	23 Watt	15	26 Watt	17

Quelle: dena; co2online

CO_2 in g pro Stunde			
Niedervolt-Halogenlampe		**Infrarotbeschichtete Halogenlampe**	
35 Watt	23	20 Watt	13
50 Watt	32	35 Watt	23
60 Watt Reflektor	39	50 Watt	32
75 Watt (Stiftsockel)	49	50 Watt	32

Quelle: dena; co2online

Auch für Lampen gibt es das Energieeffizienzlabel von A bis G. Ausgenommen davon sind bislang aber Niedervolt-Halogenlampen. Energiesparlampen und andere Leuchtstofflampen haben die Klassen A und B, Netzspannungs-Halogenlampen erreichen bestenfalls C und Glühlampen nur D.

Wenn Sie gezielt etwas über das Einsparpotenzial bei sich zu Hause erfahren möchten, können Sie sich bundesweit in 400 Orten an die Verbraucherzentralen wenden. Für einen geringen Kostenbeitrag beraten Sie dort Fachleute unter anderem auch zum Stromverbrauch.

Und natürlich gilt, egal ob bei Halogen-, Leuchtstoff- oder Glühlampe: Der Letzte macht das Licht aus!

Service

Zur Anregung möchten wir Ihnen ein paar Vorschläge machen, wie viel CO2 Sie pro Jahr vermeiden könnten.

Wechsel zu Ökostrom bei 1.700 kWh/ Jahr	– 1.032 kg
1 x/Woche ohne Vorwäsche waschen, 40 statt 95 Grad	– 57 kg
1 x/Woche statt mit Ablufttrockner im Freien trocknen	– 112 kg
Fernseher und DVD-Spieler ein Jahr ohne Stand-by	– 87 kg
A++-Kühl-Gefrierkombi statt altem E-Klasse-Gerät	– 330 kg
3 Energiesparlampen mit 20 Watt statt 3 Glühbirnen mit 75 Watt (bei täglich 3 Stunden Brenndauer)	– 117 kg
Mit 1.400 Watt statt 2.200 Watt saugen (2 Std./ Woche)	– 54 kg

CO2-Diätplan

Das mache ich heute:
- Besorge mir ein Strommessgerät
- Benutze beim Kochen Topfdeckel
- Taue das zugefrorene Eisfach ab
- Wasche und spüle bei niedrigerer Temperatur

Das mache ich morgen:
- Wechsle zu einem Ökostromanbieter
- Suche mit dem Strommessgerät nach Stromfressern
- Kaufe schaltbare Steckerleisten
- Tausche Glühbirnen gegen Energiesparlampen aus

Das mache ich noch ein bisschen später:
- Kaufe einen neuen energieeffizienten Kühlschrank
- Erkundige mich nach Möglichkeiten für einen Warmwasseranschluss für Wasch- und Geschirrspülmaschine

Nützliche Adressen

Aktionsbündnis »Atomausstieg selber machen« – Tipps
zum Wechsel zu Ökostromanbietern mit Empfehlungen
Kostenlose Ökostrom-Hotline: 0800 7626852
www.atomausstiegselbermachen.de

Bund der Energieverbraucher e. V. – Daten und Statistiken zu erneuerbaren Energien, Heizen, Bauen und
Modernisieren, Rechtsberatung zu Stromkosten und
Strompreisinformationen, Stromspartipps
Tel.: 02224 92270
www.energieverbraucher.de

Bremer Energie-Konsens GmbH – Internet-Energiecheck
für kleine und mittlere Betriebe, Leitfaden zur Energie-
kostensenkung im Betrieb
Telefon: 0421 376671-0
www.internet-energie-check.de

Energieportal24 – Information zu erneuerbaren Energien
und Energiespartipps
www.energieportal24.de

Niedrig-Energie-Insitut – Kostenloses Informationsportal
über strom- und wassersparende Haushaltsgeräte
Tel.: 05231 390747
www.spargeraete.de

TopTest GmbH Zürich – Übersicht über energieeffiziente
Produkte fürs Büro und zu Hause
Tel.: 0041 (0)44 2543240
www.topten.ch

Heizen

Wärme wiegt schwer in Ihrer Klimabilanz

Heizen ist eine CO_2-Bombe. Mit durchschnittlich rund zwei Tonnen CO_2 pro Kopf und Jahr bringt eine behagliche Wohntemperatur Pfunde auf die Klimawaage. Der Heizenergieverbrauch kann gut ein Viertel Ihrer persönlichen Emissionen verursachen. Dabei ist es mit heutiger Technik möglich, in Neubauten diese Emission auf null zu bringen. Bei Altbauten können Eigentümer den Heizenergieverbrauch immerhin unter Neubaustandard senken, und zwar mit einfachen Mitteln wie einer guten Dämmung und modernen Heizanlagen. Viele Sanierungsmaßnahmen und auch die Entscheidung für einen besonders emissionsarmen Neubau sind wirtschaflich. Sie sparen jedes Jahr Heizkosten und machen sich unabhängig von künftigen Energiepreissteigerungen. Außderdem fördert der Staat mit Zuschüssen und Krediten Ihre Vorhaben. Ihre CO_2-Minderung beim Heizen wirkt sich langfristig höchst angenehm auf Ihre Haushaltskasse aus.

Richtig heizen und lüften

Als Mieter haben Sie zwei Möglichkeiten, Ihren Heizenergieverbrauch und den damit verbundenen CO_2-Ausstoß zu senken: Mit einem richtigen Heiz- und Lüftverhalten und indem Sie Ihren Vermieter von den Vorteilen einer effizienten Heizanlage und der Wirtschaftlichkeit einer wärmetechnischen Sanierung überzeugen.

Auch an kalten Tagen sollten Sie mehrmals richtig durchlüften. Wichtig: Währenddessen den Thermostat herunterdrehen. Die warmen Wände heizen die frische Luft schnell wieder auf. Die frische Luft verbessert das Raumklima, wodurch Sie sogar niedrigere Raumtemperaturen als angenehm warm empfinden. Ein Grad weniger spart übrigens bis zu sechs Prozent Heizenergie.

Nachts und bei längerer Abwesenheit auch tagsüber sollten Sie die Heizung auf 15 – 16 Grad runterdrehen, entweder zentral an der Heizungsanlage oder an den Thermostaten der Heizkörper. Sind Thermostate in fünf Stufen eingeteilt, liegen zwischen jeder Stufe etwa vier Grad – Stufe 3 entspricht dann ungefähr 20 Grad.

Die Thermostate richtig bedienen

Drehen Sie die Thermostate voll auf, um es warm zu bekommen? Dann machen Sie es wie viele, die ihre Thermostate so benutzen, weil sie nicht mehr richtig funktionieren. Denn funktionierende Thermostatventile schalten beim Überschreiten der Solltemperatur (beispielsweise 20 Grad auf Stufe 3) automatisch die Heizwasserzufuhr ab und halten so die Temperatur konstant. Liegt die Raumtemperatur darunter, bleibt das Ventil ganz offen, bis die Solltemperatur erreicht ist. Das Aufheizen auf höchster Stufe geht daher nicht schneller. Achten Sie darauf, dass keine Gardinen oder Ähnliches die Thermostate verdecken und einen Wärmestau verursachen. Sonst schalten die Thermostate zu früh ab.

Besonders effizient sind elektronische Thermostatventile: Mit ihnen können Sie die Raumtemperatur zeitlich steuern und besser regulieren. Es gibt sie auch mit ferngesteuertem Trennschalter. Beim Fensteröffnen fährt dann automatisch die Heizleistung herunter, sodass keine Wärme vergeudet wird. Bis zu 30 Prozent der Heizkosten lassen sich so sparen, bei vergleichsweise geringem Aufwand: Für eine Dreizimmerwohnung müssen Sie etwa 300 Euro investieren.

Heizenergieträger

Was sorgt bei Ihnen für Wärme – Gas, Öl, Fernwärme oder Strom? Das sind zumindest die häufigsten Energieträger fürs Heizen in Deutschland. Vielleicht bullert bei Ihnen noch ein Kohleofen oder Sie heizen altmodisch und fortschrittlich zugleich mit Holz? Alle diese Energieträger unterscheiden sich beträchtlich in ihrer Wirkung aufs Klima.

Heizen Sie das Klima auf?

Für eine Einschätzung, wie viel CO_2-Emissionen auf das Konto des Gebäudes gehen, in dem Sie wohnen, schauen Sie auf die folgenden Tabellen. Für die drei häufigsten Heizungssysteme Ölzentral- und Gaszentralheizung sowie Fernwärme finden Sie darin für Gebäude mit verschiedenem Heizenergieverbrauch den durchschnittlichen CO_2-Austoß je Quadratmeter beheizter Gebäudefläche.

Für Ihre Wohnung multiplizieren Sie den Wert, der am ehesten auf Ihr Gebäude zutrifft, mit der Quadratmeterzahl Ihrer beheizten Wohnfläche. Ganz genau ist das Ergebnis nicht, denn in einem Mehrfamilienhaus beeinflussen auch die Lage der Wohnung und das unterschiedliche Heizverhalten der Hausbewohner den Heizenergieverbrauch.

Gebäude mit Ölzentralheizung

CO_2 in kg pro m² und Jahr	
Ein-/ Zweifamilienhaus	
Baujahr vor 1975 (225 kWh*/ m²/ Jahr)	72
Baujahr zwischen 1975 und 1984 (200 kWh/ m²/ Jahr)	64
Baujahr zwischen 1985 und 1995 (185 kWh/ m²/ Jahr)	59
Baujahr zwischen 1996 und 2001 (130 kWh/ m²/ Jahr)	42
Baujahr ab 2002 (100 kWh/ m²/ Jahr)	32
Mehrfamilienhaus	
Baujahr vor 1975 (150 kWh/ m²/ Jahr)	48
Baujahr zwischen 1975 und 1984 (130 kWh/ m²/ Jahr)	42
Baujahr zwischen 1985 und 1995 (125 kWh/ m²/ Jahr)	40

Baujahr zwischen 1996 und 2001 (90 kWh/ m²/ Jahr) 29

Baujahr ab 2002 (70 kWh/ m²/ Jahr) 22

Quelle: GfK; ifeu; co2online / *Kilowattstunde

Gebäude mit Gaszentralheizung

CO2 in kg pro m² und Jahr

Ein-/ Zweifamilienhaus

Baujahr vor 1975 (225 kWh*/ m²/ Jahr)	56
Baujahr zwischen 1975 und 1984 (200 kWh/ m²/ Jahr)	50
Baujahr zwischen 1985 und 1995 (185 kWh/ m²/ Jahr)	46
Baujahr zwischen 1996 und 2001 (130 kWh/ m²/ Jahr)	33
Baujahr ab 2002 (100 kWh/ m²/ Jahr)	25

Mehrfamilienhaus

Baujahr vor 1975 (150 kWh/ m²/ Jahr)	38
Baujahr zwischen 1975 und 1984 (130 kWh/ m²/ Jahr)	33
Baujahr zwischen 1985 und 1995 (125 kWh/ m²/ Jahr)	31
Baujahr zwischen 1996 und 2001 (90 kWh/ m²/ Jahr)	23
Baujahr ab 2002 (70 kWh/ m²/ Jahr)	18

Quelle: GfK; ifeu; co2online /
*Kilowattstunde

Gebäude mit Fernwärme

CO2 in kg pro m² und Jahr

Ein-/ Zweifamilienhaus

Baujahr vor 1975 (180 kWh*/ m²/ Jahr)	27
Baujahr zwischen 1975 und 1984 (200 kWh/ m²/ Jahr)	24

CO2 in kg pro m² und Jahr / Gebäude mit Fernwärme	
Baujahr zwischen 1985 und 1995 (148 kWh/ m²/ Jahr)	22
Baujahr zwischen 1996 und 2001 (104 kWh/ m²/ Jahr)	16
Baujahr ab 2002 (80 kWh/ m²/ Jahr)	12
Mehrfamilienhaus	
Baujahr vor 1975 (120 kWh/ m²/ Jahr)	18
Baujahr zwischen 1975 und 1984 (104 kWh/ m²/ Jahr)	16
Baujahr zwischen 1985 und 1995 (100 kWh/ m²/ Jahr)	15
Baujahr zwischen 1996 und 2001 (72 kWh/ m²/ Jahr)	11
Baujahr ab 2002 (56 kWh/ m²/ Jahr)	8
Quelle: GfK; ifeu; co2online / *Kilowattstunde	

---> Je jünger das Gebäude, desto niedriger ist der Heizenergieverbrauch. Diese Entwicklung ist sowohl auf baurechtliche Bestimmungen wie Wärmeschutz- und Energieeinsparverordnung zurückzuführen als auch auf weiterentwickelte Heiztechniken.

Kleinere Gebäude haben gewöhnlich schlechtere Werte, weil sie im Vergleich zur Wohnfläche größere Außenflächen haben und mehr Wärme entweichen kann.

Lassen Sie Ihren Heizenergieverbrauch prüfen

Ob Mieter oder Vermieter – Sie sollten über die Höhe Ihrer Heizkosten und Ihres Heizenergieverbrauches Bescheid wissen. Das ist der erste wichtige Schritt, wenn Sie beim Heizen Ihre CO2-Bilanz verbessern möchten.

Wenn Sie mit Heizöl, Gas oder Fernwärme heizen, ermöglicht Ihnen der sogenannte »Heizspiegel« einzuschätzen, wie Ihr Gebäude im Vergleich zu anderen abschneidet und ob Handlungsbedarf besteht. Die aktuelle Ausgabe des »Bundesweiten Heizspiegels« sowie verschiedene regionale Heizspiegel, die einen genaueren Vergleich ermöglichen, können Sie im Internet unter **www.heizspiegel.de** herunterladen.

Ihre persönliche Heizbilanz

Wenn Sie die CO_2-Emissionen Ihrer Heizung genauer kennenlernen möchten, können Sie diese mit den nächsten Tabellen und Ihrer Heizkostenabrechnung ausrechnen.

Zunächst müssen Sie wissen, wie viel Heizenergie Ihr Haus oder Ihre Wohnung verbraucht. In Ihrer Heizkostenabrechnung oder der Rechnung des Energielieferanten finden Sie diese Angabe in Kilowattstunden (kWh), in Kubikmeter Gas, Liter Heizöl etc. Wohnen Sie in einem Gebäude mit mehreren Wohnungen, nehmen Sie die Angabe für Ihre Wohnfläche und nicht für das gesamte Gebäude.

Sind Ihre Heizkörper auf gleicher Stufe unterschiedlich warm? Hydraulischer Abgleich lautet die Medizin: Der stellt sicher, dass alle Heizkörper genau mit der Wärme versorgt werden, die zum Erreichen der benötigten Heizleistung gebraucht wird.

Mit einer richtig eingestellten Heizungsanlage können Sie 10 bis 20 Prozent Ihrer Heizenergie sparen. Fehlt der hydraulische Abgleich, werden manche Heizkörper zu warm, andere bleiben kühl, und Begleitgeräusche wie Rauschen oder Gluckern treten auf. Weniger als zehn Prozent aller Heizungsanlagen in Deutschland sind hydraulisch abgeglichen.

Heizenergieverbrauch in kWh

Wenn Ihnen keine Angaben zum Heizenergieverbrauch in Kilowattstunden vorliegen, können Sie mit der nachstehenden Tabelle die Einheiten Ihres Heizenergieträgers umrechnen.

Umrechnungsfaktoren		
Energieträger	**Einheit**	**kWh**
Erdgas	1 cbm/ m³	10
Heizöl	1 Liter	10
	1 kg	11,87
Braunkohle	1 kg	5,45
Flüssiggas	1 Liter	6,63
	1 kg	12,94
Steinkohle	1 kg	8,72
Holzhackschnitzel	1 kg	3,24

Energieträger	Einheit	kWh
Holzpellets	1 kg	4,9
Stückholz	1 kg	4,12
	1 Ster (Raum-meter/ rm)	1.853

Quelle: forsa / RWI Essen; ifeu

Emissionswerte der Heizenergieträger

Für eine Kilowattstunde Wärme verursachen die verschiedenen Energieträger CO_2-Mengen, die sich um fast das Fünfzigfache unterscheiden können.

Mit folgender Tabelle können Sie für die häufigsten Energieträger Ihren eigenen CO_2-Wert berechnen.

CO_2 in kg pro kWh	
Erdgas	0,251
Flüssiggas	0,285
Heizöl	0,320
Fernwärme	0.07–0,15
Braunkohlebriketts	0,481
Steinkohle	0,395
Steinkohlenkoks	0,442
Steinkohlenbriketts	0,374
Holz und andere erneuerbare Energieträger	0,014
Holzpellets	0,038
Holzhackschnitzel	0,030
Strom	0,647

Quelle: AG Energiebilanzen; VDEW; ifeu; Öko-Institut

Heizsysteme arbeiten unterschiedlich effektiv und brauchen für die gleiche Wärmemenge unterschiedliche Mengen der Energieträger. Das wird besonders beim Heizen mit Strom deutlich: Im Unterschied zu einer normalen Stromheizung verbrauchen elektrische Wärmepumpen zwar ebenfalls Strom, können mit einer Kilowattstunde Strom aber ein Mehrfaches an Kilowattstunden Wärme gewinnen.

Ein Rechenbeispiel

Konnten Sie Ihre Emissionswerte mit den vorangegangenen Tabellen berechnen oder war das zu viel Mathe? Wir rechnen Ihnen ein Beispiel für eine 100-Quadratmeter-Wohnung in einem großen Mietshaus vor:

1. Sie haben für Ihre Wohnung laut Ihrem Energieversorger im letzten Winter rund 3.000 Kubikmeter Erdgas benötigt.

2. Multiplizieren Sie diese mit dem Faktor 10 für Erdgas aus der vorangegangenen Tabelle mit den Umrechnungsfaktoren. Das macht 30.000 Kilowattstunden.

3. Für Erdgas fallen laut der Tabelle mit den Emissionswerten der Heizenergieträger für jede Kilowattstunde 0,251 Kilogramm CO_2 an.

4. Sie nehmen 30.000 mit 0,251 mal und erhalten Ihr Ergebnis.

5. In unserem Beispiel verursachte Ihr Heizenergieverbrauch den Ausstoß von 7.530 kg CO_2.

Ihr Heizenergieverbrauch kommt Ihnen spanisch vor? Die Kampagne »Klima sucht Schutz«, die vom Bundesumweltministerium gefördert wird, bietet Ihnen eine kostenlose Überprüfung Ihrer Heizkosten an. Hierfür müssen Sie lediglich eine Kopie Ihrer aktuellen Heizkosten- bzw. Energielieferantenrechnung, wenn möglich mit Angaben zu Gebäudealter, beheizter Fläche und Art der Warmwasseraufbereitung an folgende Adresse senden: Klima sucht Schutz, Stichwort: CO_2-Zähler, Hochkirchstr. 9 in 10829 Berlin. In wenigen Wochen erhalten Sie eine Auswertung mit weiterführenden Empfehlungen und Ansprechpartnern.

Moderne Heizanlagen

Mit einer neuen Heizanlage können Sie Ihren CO_2-Ausstoß deutlich verringern. Ihnen stehen mehrere Systeme zur Auswahl, die sich in den Emissionen beträchtlich unterscheiden. Damit Sie die Systeme vergleichen können, haben wir die Emissionen für gut gedämmte Häuser mit einem niedrigen Heizwärmebedarf von 70 Kilowattstunden pro Quadratmeter und Jahr berechnet (sogenannte Niedrigenergiehäuser). Das entspricht ungefähr dem aktuell vorgeschriebenen Neubaustandard.

Heizwärmebedarf

Bisher ging es um den Heizenergieverbrauch von Wohngebäuden, der von zwei Faktoren abhängt: von der wärmetechnischen Qualität des Gebäudes und vom Heizverhalten der Nutzer. Ein von den Zufälligkeiten des Nutzerverhaltens unabhängigen Kennwert für die wärmetechnische Qualität von Gebäuden ist deren Heizwärmebedarf. Fachleute errechnen ihn aus technischen Parametern wie dem »Wärmedurchgangskoeffizienten« von Außenwänden, Dach und Fenstern sowie aus der »Anlagenaufwandzahl« der Heizanlage.

Beheizte Wohnflächen von 100 m², 250 m² und 500 m² (Heizwärmebedarf 70 kWh/m² und Jahr)

CO_2 in kg pro Jahr

	Beheizte Wohnfläche		
	100 m²	250 m²	500 m²
Erdgas-Brennwertheizung mit zentraler Warmwasserbereitung inkl. Hilfsenergie Strom	2.790	6.980	13.970
Heizöl-Brennwertheizung mit zentraler Warmwasserbereitung inkl. Hilfsenergie Strom	3.370	8.430	16.860

	Beheizte Wohnfläche		
	100 m²	250 m²	500 m²
Erdgas-Niedertemperaturkessel mit zentraler Warmwasserbereitung	3.020	7.540	15.090
Heizöl-Niedertemperaturkessel mit zentraler Warmwasserbereitung	3.640	9.110	18.220
Fernwärme mit zentraler Warmwasserbereitung	2.080	5.210	10.410
Holzpelletskessel mit zentraler Warmwasserbereitung	750	1.870	3.730
Elektrisch betriebene Wärmepumpen mit Erdsonde und Fußbodenheizung			
bei Arbeitszahl 4,5	2.270	5.680	11.370
bei Arbeitszahl 4,0	2.550	6.380	12.760
bei Arbeitszahl 3,5	2.830	7.080	14.160
bei Arbeitszahl 3,0	3.390	8.480	16.960

Quelle: IWU; co2online

Holzpelletheizungen schneiden in der Klimabilanz sehr gut ab. Sie sind weitestgehend klimaneutral, weil die Menge an CO_2, die bei der Verbrennung freigesetzt wird, zuvor beim Wachstum des Holzes aufgenommen wurde. Allerdings sollten Sie beim Kauf auf einen niedrigen Ausstoß von Feinstaub achten. Fragen Sie Ihren Verkäufer nach den Qualitätssiegeln.

Bei Brennwertheizungen kann der vergleichsweise niedrige Wert nur bei richtiger Handhabung erreicht werden. Sie müssen eine Rücklauftemperatur von 35 Grad erreichen, sonst ist es eine Brennwertheizung ohne Brennwert.

Bei elektrischen Wärmepumpen hängt die Klimabilanz entscheidend von der tatsächlich im Betrieb erreichten Arbeitszahl ab. Diese gibt an, wie viel Kilowattstunden Wärme sie aus einer Kilowattstunde Strom gewinnt. Die Herstellung des Wärmepumpenstroms spielt natürlich auch eine wichtige Rolle. In Deutschland bieten beispielsweise die Elektrizitätswerke Schönau Ökostrom für den Betrieb Ihrer Wärmepumpe an.

Heizsysteme in Einfamilienhäusern

Die meisten Einfamilienhäuser im Bestand erreichen wegen Ihres Dämmstandards längst nicht den Heizwärmebedarf eines Niedrigenergiehauses mit 70 kWh/m² pro Jahr. Wie alte Kessel und verschiedene Heizsysteme Ihre CO_2-Bilanz beeinflussen, haben wir für Einfamilienhäuser mit verschiedenem Heizwärmebedarf berechnet. Mit den Werten können Sie die Klimabilanzen für verschiedene Gebäudeflächen ermitteln.

Da Ihnen der Wärmebedarf für das von Ihnen bewohnte Gebäude kaum bekannt sein dürfte, können Sie diesen nur anhand des Zustandes der Gebäudedämmung abschätzen. Nur bei jüngeren Neubauten oder wenn das Haus in den letzten Jahren eine zusätzliche Wärmedämmung bekommen hat, können Sie von einem sehr guten Dämmzustand mit einem Bedarf von etwa 100 kWh/m² und Jahr ausgehen.

Bedarf für Heizung und Warmwasser im Einfamilienhaus

CO_2 in kg pro m² und Jahr

	Bedarf in kWh/m² und Jahr			
	100*	150**	200***	250****
Standardkessel Erdgas				
bis 1986	50	67	84	101
1987–1994	48	66	82	98
ab 1995	39	55	71	87
Standardkessel Heizöl				
bis 1986	60	82	102	123
1987–1994	59	80	100	120
ab 1995	47	67	86	105
Niedertemperaturkessel Erdgas				
bis 1986	44	61	76	92
1987–1994	42	58	73	88
ab 1995	33	48	62	76
Niedertemperaturkessel Heizöl				
bis 1986	53	74	92	111
1987–1994	52	70	88	107
ab 1995	41	58	75	92
Gas-Brennwertkessel				
bis 1994	39	54	67	81
ab 1995	32	46	59	72
Holz-Kessel	7	10	12	15
Elektro-Wärmepumpe				
mit Außenluft	53	75	97	117
mit Erdreich	43	60	76	93

Quelle: GRE; co2online / Dämmzustand: * sehr gut; ** gut;

*** nicht ausreichend; **** schlecht

Modernisierung

Eine neue Heizung oder doch lieber erst die Fenster? Was ist besser für die CO_2-Bilanz und wie viel kostet das alles? Mehr über Modernisierungsmaßnahmen erfahren Sie auf der Website www.klima-sucht-schutz. Mit dem Modernisierungsratgeber der Kampagne »Klima sucht Schutz« können Sie einzelne Maßnahmen testen. Der Ratgeber berechnet Kosten, Fördermöglichkeiten, Ihre CO_2-Bilanz und nennt Ansprechpartner aus Ihrer Region.

Einfamilienhaus

Wie viel CO_2 Sie mit einer Modernisierung vermeiden können, haben wir an einem Einfamilienhaus aus dem Jahr 1955 ausgerechnet. Das Haus mit 120 Quadratmeter Wohnfläche benötigt vor den Modernisierungsmaßnahmen im Schnitt 2.400 Liter Heizöl. Vier von fünf Wohngebäuden in Deutschland sind übrigens Einfamilienhäuser.

CO_2 in kg pro Jahr		
Vor der Sanierung	**6.640**	
Heizungsumstellung auf Erdgas	5.140	– 23 %
Fassadendämmung	5.260	– 21 %
Solaranlage einbauen	5.990	– 10 %
obere Geschossdecke dämmen	6.060	– 9 %
Kellerdecke dämmen	6.060	– 9 %
Fenster erneuern	6.330	– 5 %
alle Maßnahmen	1.650	– 77 %
Quelle: co2online		

⋯⋯> Mit der Kombination aus den einzelnen Modernisierungsmaßnahmen können Sie in unserem Beispiel mehr als drei Viertel Ihrer Emissionen (und auch Ihrer Heizenergiekosten) vermeiden.

Wenn Sie als CO_2-Diätmaßnahme neue Fenster eingebaut haben, verringert sich die Luftwechselrate in Ihren vier Wänden. Achten Sie darauf, dass die Räume nicht auskühlen und die Luftfeuchtigkeit nicht mehr als 50 Prozent beträgt. Ansonsten droht die Gefahr von Schimmelbildung, weil sich die Feuchtigkeit an den zu kalten Innenwänden niederschlägt. Thermohygrometer aus dem Fachhandel zeigen die Luftfeuchte und Temperatur an und helfen Ihnen so bei der Kontrolle.

Heizungspumpen

Der Stromverbrauch und damit die CO_2-Emissionen durch die Heizungspumpen können beträchtlich sein, und sie sind oft völlig überflüssig.

Umwälzpumpen

Sofern Sie eine Zentralheizung haben, arbeitet bei Ihnen im Keller eine Umwälzpumpe, die das erhitzte Wasser von der Heizung zu den Heizkörpern im Haus pumpt. Sie dürfte mit einiger Wahrscheinlichkeit zu groß ausgelegt sein oder unnötigerweise auf höchster Stufe laufen. Es lohnt sich, genauer hinzusehen. Viele pumpen nachts und sogar rund ums Jahr, weil sie unabhängig vom Heizbetrieb laufen. Alte Pumpen (zehn Jahre und älter) können oft noch gut funktionieren, dennoch lohnt sich der Austausch, weil moderne Pumpen über sparsamere Technik verfügen.

Werfen Sie einen Blick in den Heizungskeller! Wie sieht es dort mit den Heizungspumpen aus? Auf welcher Stufe läuft die Umwälzpumpe? Hat die Zirkulationspumpe für das Warmwasser eine Zeitschaltuhr?

Testen Sie im Internet unter www.klima-sucht-schutz.de mit dem PumpenCheck, ob sich ein Austausch lohnt. Als Mieter haben Sie meist keinen Zugang zu den Heizungspumpen im Keller. Sie können aber anhand der Stromkosten, mit denen Sie Ihre Hausverwaltung über die jährliche Heizkostenabrechnung belastet, den Zustand Ihrer Pumpe ermitteln.

Ist es im Heizungskeller übrigens sehr warm, sollten Sie nachsehen, ob die Heizungs- und Warmwasserrohre noch ungedämmt sind. Holen Sie das ansonsten nach. Das ist einfach, billig und bringt viel.

Umwälzpumpen in Betrieb

CO_2 in kg pro Jahr

	1 Jahr 24 Std	8 Mon. 24 Std	1 Jahr 16 Std	8 Mon. 16 Std
100 Watt (Stufe 3)	567	373	378	248
100 Watt (Stufe 2 mit 75 Watt)	425	280	283	186
100 Watt (Stufe 1 mit 50 Watt)	283	186	189	124
80 Watt	453	298	302	199
40 Watt	227	149	151	99
15 Watt	91	56	57	37

Quelle: co2online

Zirkulationspumpen

Die Zirkulationspumpe im Keller sorgt dafür, dass aus jedem Wasserhahn sofort warmes Wasser kommt. Darauf lässt sich zumindest nachts meist verzichten.

Zirkulationspumpen in Betrieb

CO_2 in kg pro Jahr

	1 Jahr 24 Std	1 Jahr 16 Std	1 Jahr 8 Std	1 Jahr 4 Std
50 Watt	283	189	94	47
40 Watt	227	151	76	338
25 Watt	142	94	47	24
15 Watt	85	57	28	183

Quelle: co2online

Bei neueren Heizungen können Sie die Betriebszeiten der Zirkulationspumpe einstellen. Je nach Bedarf läuft sie dann etwa nur jede Viertelstunde für einige Minuten und nachts gar nicht. Das spart Strom sowie Energie für die Warmwassererwärmung, und Sie bekommen tagsüber trotzdem schnell warmes Wasser. Ist keine Pumpensteuerung mit Taktung vorhanden, können Sie eine Zeitschaltuhr installieren lassen. Bequemer noch sind Funkschaltsteckdosen. Per Funktaster aktivieren Sie die Pumpe. Nach 15 bis 60 Sekunden kommt warmes Wasser aus dem Hahn.

Heißwassernutzung

Die CO_2-Emissionen für das Warmwasser können Sie durch Ihr Verhalten leicht beeinflussen. Wie groß die Emissionen sind, hängt allerdings stark davon ab, wie das Wasser erwärmt wird. Strom schneidet aufgrund seiner hohen CO_2-Werte gegenüber Gas und Öl viel schlechter ab.

Die folgenden Tabellen unterscheiden zwischen mit Erdgas beheizten Warmwasserspeichern und Elektrospeichern, sowie zwischen mit Gas und Strom betriebenen Durchlauferhitzern. Warmwasserspeicher halten Wasser auf Vorrat warm. Indirekt beheizte Speicher erwärmen das Brauchwasser über den Heizungswasserkreislauf, direkt beheizte Speicher mit einem Brenner. Sie sind weniger effizient, das bedeutet, ihr Wirkungsgrad ist geringer. Sie sind aber die Ausnahme. Durchlauferhitzer werden eingesetzt, wenn das Wasser nicht zentral erwärmt wird.

Mit einem Wassersparduschkopf und Durchfluss-begrenzern für die Wasserhähne lässt sich viel Geld sparen. Mit einem guten Sparduschkopf bleibt der Duschstrahl füllig, er mischt diesem mehr Luft bei. Weniger geeignet ist ein Sparduschkopf in Verbindung mit einem Durchlauferhitzer, der einen stärkeren Wasserdurchfluss benötigt, um anzuspringen.

Indirekt beheizter Warmwasserspeicher (Erdgas)

CO_2 in g pro Minute

Wirkungsgrad = 0,8

Wassertemperatur in Grad	35	40	45
Wasserdurchfluss			
Dusche (12–15 Liter/min)	116	138	159
Dusche mit Sparduschkopf (6–8 Liter/min)	77	92	106
Küche (10 Liter/min)	97	115	133
Küche mit Durchflussreduzierer (8 Liter/min)			106
Bad (12 Liter/min)			159
Bad mit Durchflussreduzierer (8 Liter/min)			106
Mischbatterie-Wasserhahn – maximaler Durchfluss			
auf Kaltstellung (10 Grad)	7		
auf Mittelstellung (30 Grad)	94		
auf Warmstellung (50 Grad)	181		

Quelle: Stadtwerke Bremen; co2online

CO_2 in g / Indirekt beheizter Warmwasserspeicher (Erdgas)

Wirkungsgrad = 0,8

Wassertemperatur in Grad	35	40	45
Duschen 3 min, 40 Liter	390	460	530
Duschen 10 min oder Vollbad 120 Liter		1.380	1.590
Zähneputzen 3 min bei laufendem Wasser			460
Putzeimer füllen (10 Liter)	100	110	130
Geschirrspülen (15 Liter)	150	170	200
Händewaschen (3 Liter)		30	
Haarwäsche lang, 12 Liter mit 40 Grad		140	
Haarwäsche kurz, 7 Liter mit 40 Grad		80	

Quelle: Stadtwerke Bremen; co2online

Direkt beheizter Warmwasserspeicher (Erdgas)

CO_2 in g pro Minute

Wirkungsgrad = 0,6

Wassertemperatur in Grad	35	40	45
Wasserdurchfluss			
Dusche (12–15 Liter/min)	152	181	210
Dusche mit Sparduschkopf (6–8 Liter/min)	102	121	140
Küche (10 Liter/min)	127	151	175
Küche mit Durchflussreduzierer (8 Liter/min)			140
Bad (12 Liter/min)			210
Bad mit Durchflussreduzierer (8 Liter/min)			140

Mischbatterie-Wasserhahn – maximaler Durchfluss	
auf Kaltstellung (10 Grad)	7
auf Mittelstellung (30 Grad)	123
auf Warmstellung (50 Grad)	239

Quelle: Stadtwerke Bremen; co2online

CO_2 in g

Wirkungsgrad = 0,8			
Wassertemperatur in Grad	**35**	**40**	**45**
Duschen 3 min, 40 Liter	510	600	700
Duschen 10 min oder Vollbad 120 Liter		1.810	2.100
Zähneputzen 3 min bei laufendem Wasser			620
Putzeimer füllen (10 Liter)	130	150	180
Geschirrspülen (15 Liter)	190	230	260
Händewaschen, 3 Liter		50	
Haarwäsche lang, 12 Liter mit 40 Grad		180	
Haarwäsche kurz, 7 Liter		110	

Quelle: Stadtwerke Bremen; co2online

Elektrospeicher

CO_2 in g pro Minute

Wirkungsgrad = 0,94			
Wassertemperatur in Grad	**35**	**40**	**45**
Wasserdurchfluss			
Dusche (12–15 Liter/min)	206	246	286
Dusche mit Sparduschkopf (6–8 Liter/min)	165	197	229
Küche (10 Liter/min)	206	246	286

CO2 in g pro Minute / Elektrospeicher

Wirkungsgrad = 0,94

Wassertemperatur in Grad	35	40	45
Küche mit Durchflussreduzierer (8 Liter/min)			229
Bad (12 Liter/min)			344
Bad mit Durchflussreduzierer (8 Liter/min)			229
Mischbatterie-Wasserhahn – maximaler Durchfluss			
auf Kaltstellung (10 Grad)			7
auf Mittelstellung (30 Grad)			200
auf Warmstellung (50 Grad)			392

Quelle: Stadtwerke Bremen; co2online

CO2 in g

Wirkungsgrad = 0,94

Wassertemperatur in Grad	35	40	45
Duschen 3 min, 40 Liter	830	990	1.150
Duschen 10 min oder Vollbad 120 Liter		2.960	3.440
Zähneputzen 3 min bei laufendem Wasser			1.020
Putzeimer füllen (10 Liter)	210	250	290
Geschirrspülen (15 Liter)	310	370	430
Händewaschen, 3 Liter mit 40 Grad		70	
Haarwäsche lang, 12 Liter mit 40 Grad		300	
Haarwäsche kurz, 7 Liter mit 40 Grad		170	

Quelle: Stadtwerke Bremen; co2online

Durchlauferhitzer (Erdgas)

CO2 in g pro Minute

Wirkungsgrad = 0,7

Wassertemperatur in Grad	**35**	**40**	**45**
Wasserdurchfluss			
Dusche (12 – 15 Liter/min)	132	156	181
Küche (10 Liter/min)	110	130	151
Bad (12 Liter/min)			181
Mischbatterie-Wasserhahn – maximaler Durchfluss			
auf Kaltstellung (10 Grad)			7
auf Mittelstellung (30 Grad)			107
auf Warmstellung (50 Grad)			206

Quelle: Stadtwerke Bremen; co2online

CO2 in g pro Minute

Wirkungsgrad = 0,7

Wassertemperatur in Grad	**35**	**40**	**45**
Duschen 3 min, 40 Liter	440	520	600
Duschen 10 min oder Vollbad 120 Liter		1.560	1.810
Zähneputzen 3 min bei laufendem Wasser			530
Putzeimer füllen (10 Liter)	110	130	150
Geschirrspülen (15 Liter)	160	200	230
Händewaschen, 3 Liter mit 40 Grad		40	
Haarwäsche lang, 12 Liter mit 40 Grad		160	
Haarwäsche kurz, 7 Liter mit 40 Grad		90	

Quelle: Stadtwerke Bremen; co2online

Durchlauferhitzer (Strom)

CO_2 in g pro Minute

Wirkungsgrad = 0,98			
Wassertemperatur in Grad	**35**	**40**	**45**
Wasserdurchfluss			
Dusche (12–15 Liter/min)	238	284	330
Küche (10 Liter/min)	198	237	275
Bad (12 Liter/min)			330
Mischbatterie-Wasserhahn – maximaler Durchfluss			
auf Kaltstellung (10 Grad)	7		
auf Mittelstellung (30 Grad)	192		
auf Warmstellung (50 Grad)	376		

Quelle: Stadtwerke Bremen; co2online

CO_2 in g

Wirkungsgrad = 0,98			
Wassertemperatur in Grad	**35**	**40**	**45**
Duschen 3 min, 40 Liter	790	950	1.100
Duschen 10 min oder Vollbad 120 Liter		2.840	3.300
Zähneputzen 3 min bei laufendem Wasser			970
Putzeimer füllen (10 Liter)	200	240	270
Geschirrspülen (15 Liter)	300	350	410
Händewaschen, 3 Liter mit 40 Grad		70	
Haarwäsche lang, 12 Liter mit 40 Grad		280	
Haarwäsche kurz, 7 Liter mit 40 Grad		170	

Quelle: Stadtwerke Bremen; co2online

Verzichten Sie beim kurzen Händewaschen auf warmes Wasser. Bei den meisten Einhebelmischern können Sie den Hebel so montieren, dass er für Kaltwasser in die Mitte zeigt.

Solare Warmwasserspeicher

Wie wäre es, die Sonnenenergie fürs Duschen zu nutzen? Thermosolaranlagen können die Heizung unterstützen oder nur warmes Wasser erzeugen. Dienen sie nur der Warmwasserbereitung, spart das etwa 70 Prozent der sonst dafür nötigen Energie ein.

Wir errechnen an einem Beispiel die mit einer Solaranlage pro Jahr vermiedene Menge CO_2. Der Energiebedarf für die Warmwasserbereitung eines Neubaus nach aktuellem Standard beträgt 20 Kilowattstunden pro Quadratmeter und Jahr. Demnach benötigt ein 130-Quadratmeter-Einfamilienhaus dafür jährlich 2.600 Kilowattstunden. Bei einer Ersparnis von 70 Prozent wären 1.820 kWh weniger nötig.

Die jährlich vermiedene Menge CO_2 bei einer Erdgasheizung berechnet sich mit dem CO_2-Faktor für Erdgas von 0,251 pro kWh: 1.820 kWh x 0,251 kg/ kWh = 457 kg CO_2.

Sie können noch mehr CO_2 vermeiden , wenn die Solaranlage zudem die Heizung unterstützt.

Service

Zur Anregung möchten wir Ihnen ein paar Vorschläge machen, wie viel CO_2 Sie pro Jahr vermeiden könnten.

Überdimensionierte Umwälzpumpe ersetzen und nur 8 Monate lang 16 Stunden täglich betreiben	– 416 kg
Täglich 5 statt 10 Minuten warm Duschen bei 40 Grad mit Gas-Durchlauferhitzer	– 285 kg
Die Fassade eines Einfamilienhauses, Jahrgang 1955, dämmen	– 1.380 kg
Einbau einer Solaranlage zur Warmwasserunterstützung beim 130-m²-Neubau mit Erdgasheizung	– 457 kg
1 mal täglich 1 Minute bei einem Elektrospeicher mit kaltem statt mit warmem Wasser Händewaschen	– 70 kg

CO_2-Diätplan

Das mache ich heute:
- Messe mit einem Eimer den Durchfluss meiner Dusche
- Lasse meinen Heizenergieverbrauch prüfen

Das mache ich morgen:
- Kaufe einen Wasserspar-Duschkopf
- Lasse meine Heizanlage vom Handwerker einstellen
- Bestelle einen Energieberater ins Haus
- Ersetze alte Thermostatventile durch elektronische

Das mache ich noch ein bisschen später:
- Modernisiere mein Haus
- Optimiere meine Heizungspumpen

Nützliche Adressen

Deutscher Mieterbund e. V. – Bundesweiter Heizspiegel
und Online-Heizenergiecheck für Mieter
Tel.: 0900 1200012
www.mieterbund.de

Haus & Grund Eigentümer Gemeinschaft – Informationen
zu Energieausweis und Gebäudemodernisierung
Tel.: 030 20216-0
www.haus-und-grund.net

Heizspiegel – Interaktive Beratung zum Thema Heizkosten
und zur Förderung von Modernisierungsmaßnahmen
www.heizspiegel.de

Kampagne »Klima sucht Schutz« – Umfangreiche
Informationen zu Heizanlagen und Heizkosten,
Energiespar-Ratgeber HeizCheck, Modernisierungsratgeber u. a.
www.klima-sucht-schutz.de

KfW-Förderbank – Finanzierung energetischer
Sanierungsmaßnahmen und Modernisierungen,
interaktive Förderberatung im Internet
Infocenter zum Ortstarif: 0180 1335577
www.kfw-foerderbank.de

Verbraucherzentralen in Deutschland – Beratung
u. a. zu den Themen Bauen, Umwelt und Energieverbrauch
Tel.: 0900 18877-105
www.verbraucherzentrale.de

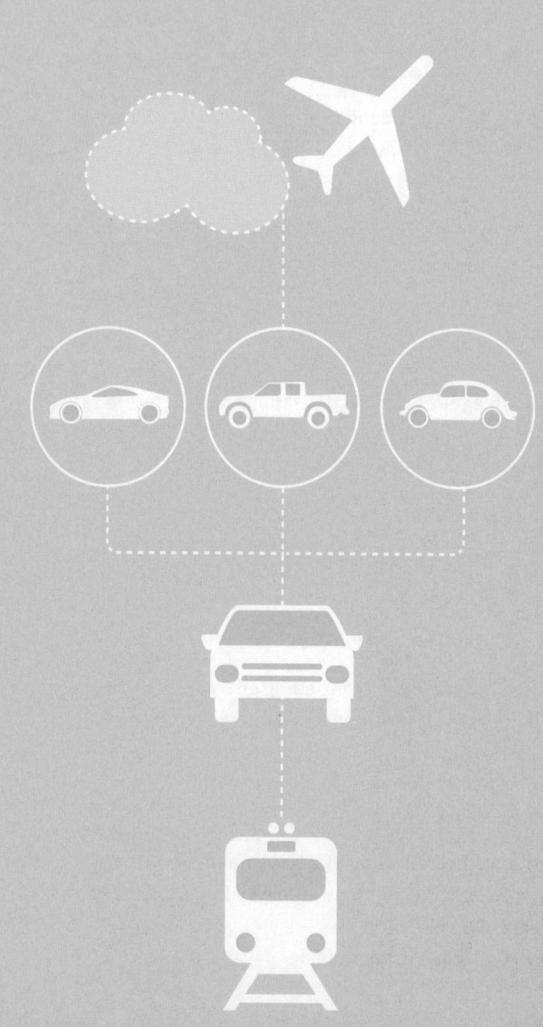

Mobilität

Unsere Beweglichkeit wird zur Belastung

Ein Wochenende in London, Montag früh eine Besprechung in Hamburg, nachmittags eine in Dresden und die Strecke ins Büro schnell mit dem eigenen Auto – wir werden immer mobiler und möchten immer schneller von einem Ort zum nächsten kommen. Die meisten CO_2-Emissionen verursachen wir dabei im Straßenverkehr, gefolgt von unseren Flugreisen.

Genau wie in den bisher beschriebenen Bereichen gibt es Alternativen zu liebgewonnenen Gewohnheiten. Das Besondere an diesem Kapitel: Sie können schnell Erfolge feiern. So spielt es eine größere Rolle für Ihre CO_2-Bilanz, wie Sie zum Supermarkt kommen, als woher die Äpfel stammen, die Sie dort kaufen. Bei kurzen Strecken ist vor allem das Auto eine schlechte Wahl: Ein kalter Motor braucht für die ersten drei Kilometer knapp einen Liter Kraftstoff.

Das eigene Auto

Sie kennen den Verbrauch Ihres Autos: 7, 10 oder 15 Liter auf 100 Kilometer, so lauten die Antworten. Aber wie ist es mit dem CO_2-Ausstoß? Vielleicht sagen wir bald: Meiner stößt 20 Kilogramm aus und Deiner? Mit folgenden Werten können Sie anhand Ihres Kraftstoffverbrauches berechnen, wie viel CO_2 Ihr Auto verursacht.

Kraftstoffe

Angaben in CO_2 in g pro Liter

Benzin	2.500
Diesel	3.090
Bio-Diesel (Rapsmethylester RME)	920
Bio-Ethanol (aus Weizen)	930
Flüssiggas (LPG)	1.890
Erdgas (CNG)	3.300
	(pro kg)

Quellen: Öko-Institut; ifeu

Biokraftstoffe

Biokraftstoffe werden aus Biomasse (Raps, Weizen, Palmöl) gewonnen und können in reiner Form getankt oder dem verwendeten Kraftstoff wie Diesel oder Benzin beigemengt werden. Sie weisen gegenüber herkömmlichen Kraftstoffen geringere CO_2-Emissionen aus. Allerdings sind Herstellungsart und Ort entscheidend. Kritiker warnen vor den negativen Folgen einer Ausweitung der Biokraftstoff-Erzeugung wie Regenwald-Abholzung, Monokulturen und Lebensmittelverknappung. Hinzu kommen andere Umweltnachteile, wie z. B. durch den gestiegenen Einsatz von Düngemitteln. Das Umweltbundesamt veröffentlicht weiterführende Informationen zu dem Thema auf seiner Internetseite **www.umweltbundesamt.de**.

Durchschnittsemissionen

Neben der Fahrweise ist für den Kraftstoffverbrauch entscheidend, ob Sie im Stadtverkehr, auf der Landstraße oder der Autobahn unterwegs sind. Hier finden Sie durchschnittliche Emissionswerte für verschiedene Größenklassen und Straßenkategorien. In Klammern stehen jeweils die zugrunde gelegten Kraftstoffverbräuche in Liter.

CO_2 in kg pro 100 km (Kraftstoffverbrauch in Liter)	Stadtverkehr	Landstraße	Autobahn
Otto-PKW (Benziner), Baujahr ab 2001			
Kleinwagen	18 (7,3)	13 (5,1)	17 (6,9)
Untere Mittelklasse	22 (8,7)	14 (5,7)	19 (7,4)
Mittelklasse	25 (10,0)	16 (6,4)	20 (8,0)
Obere Mittelklasse	28 (11,3)	19 (7,5)	24 (9,5)
Oberklasse	32 (12,6)	22 (8,7)	28 (11,1)
Diesel-PKW, Baujahr ab 2001			
Kleinwagen	14 (4,5)	10 (3,1)	13 (4,1)
Untere Mittelklasse	18 (5,7)	12 (3,9)	16 (5,2)
Mittelklasse	21 (6,8)	15 (4,7)	19 (6,2)
Obere Mittelklasse	24 (7,9)	17 (5,4)	23 (7,3)
Oberklasse	28 (8,9)	19 (6,2)	26 (8,5)

Quellen: nach IfEU

⟶ Seit den Achtzigerjahren hat sich der durchschnittliche Kraftstoffverbrauch von PKWs von über zehn Litern pro 100 Kilometern nur um zwei Liter auf acht gesenkt. Dank moderner Motoren und aerodynamischer Karosserien wäre noch mehr möglich, aber bessere Ausstattung und höhere Sicherheitsstandards lassen die Autos immer schwerer werden. Hinzu kommen die gestiegenen Motorleistungen, welche die Kraftstofferparnis und die möglichen Erfolge für die CO_2-Bilanz bremsen.

Neu oder alt, klein oder groß?

Das deutsche Auto ist im Schnitt acht Jahre alt. Im vergangenen Jahr erblickten rund zwei Millionen Neuzulassungen das Licht der Straße und ließen unseren Gesamtbestand auf 47 Millionen PKWs steigen, hinzu kommen weitere Fahrzeuge wie LKWs und Motorräder. Alternative Antriebstechniken und Kraftstoffe machen erst einen geringen Anteil unserer Fahrzeugflotte aus: Experten rechnen damit, dass in den nächsten 25 Jahren Benzin- und Dieselmotoren den Markt weiter dominieren werden. Hybrid (Kombination aus Verbrennungs- und Elektromotor), Wasserstoff oder auch Brennstoffzelle heißen die Antriebsarten der Zukunft. Noch ist nicht gewiss, welche Rolle sie spielen werden.

Wenn Sie sich für einen umweltfreundlichen PKW interessieren, ist nicht allein der CO_2-Ausstoß wichtig. Auch die anderen Schadstoffe sowie Lärmbelastung sollten Sie berücksichtigen. Der Verkehrsclub Deutschland (VCD) bringt jährlich eine Auto-Umweltliste heraus, die über 300 Modelle nach diesen Kriterien beurteilt.

Auf den folgenden Seiten finden Sie die CO_2-Emissionen verschiedener PKW-Modelle. Wir vergleichen die häufigsten zugelassenen Fahrzeugmodelle der Jahrgänge 2006/07 mit einer CO_2-Emission unter 220 g CO_2 pro Kilometer.

Angegeben sind die Durchschnittsemissionen, das ist ein Mittelwert aus Stadt-, Land- und Autobahnfahrt, der jeweils sparsamsten Modelle einer Modellreihe.

PKW 2007

CO₂ in g pro Kilometer		
Marke	**Modell (Kraftstoffart)**	
ALFA ROMEO	159 1.9 JTDM 8V/Sportw. (Diesel)	157
ALFA ROMEO	159 1.9 JTS 16V/Sportw. (Superbenzin)	205
ALFA ROMEO	Brera 2.4 JTDM 20V (Diesel)	179
AUDI	A3 1.9 TDI/Sportback (Diesel)	129
AUDI	A4 1.9 TDI/Avant (Diesel)	154
AUDI	A6 2.0 TDI/Avant (Diesel)	169
BMW	118d1 (Diesel)	150
BMW	318d/Touring (Diesel)	150
BMW	520d (Diesel)	158
CHEVROLET	Kalos 1.2 S (Normalbenzin)	153
CHEVROLET	Matiz 0.8 S (Normalbenzin)	127
CHEVROLET	Nubira 1.6 SE (Normalbenzin)	178
CHEVROLET	Rezzo 1.6 SE (Normalbenzin)	191
CHRYSLER	PT Cruiser 1.6 Classic (Superbenzin)	180
CITROËN	Berlingo 1.4 bivalent Benzin (Super)	175

CO2 in g pro Kilometer / PKW 2007

CITROËN	C1 1.0 Advance 3-/5-türig (Superbenzin)	109
CITROËN	C2 1.1 Advance (Superbenzin)	138
CITROËN	C3 HDi 110 FAP (Diesel)	120
CITROËN	C4 HDi 110 FAP Style Lim./Coupé (Diesel)	125
CITROËN	C5 HDi 110 FAP Style (Diesel)	139
CITROËN	Xsara Picasso HDi 110 FAP (Diesel)	136
DACIA	Logan 1.4 MPI (Superbenzin)	166
DAIHATSU	Copen 1.3 (Normalbenzin)	140
DAIHATSU	Cuore 1.0 (Normalbenzin)	114
DAIHATSU	Sirion 1.0 (Normalbenzin)	118
DAIHATSU	Terios 1.5 (Normalbenzin)	186
FIAT	Croma 1.9 Multijet 8V (Diesel)	160
FIAT	Doblò 1.3 Multijet 16V Family (Diesel)	145
FIAT	Grande Punto 1.3 Multijet 16V (Diesel)	122
FIAT	Idea 1.3 Multijet 16V (Diesel)	130
FIAT	Multipla Natural Power Benzin (Super)	216
FIAT	Panda 1.2 8V (Superbenzin)	133
FIAT	Punto 1.2 8V (Superbenzin)	136
FIAT	Sedici 1.6. 16V (Superbenzin)	173
FIAT	Stilo 1.4 16V (Superbenzin)	153
FIAT	Ulysse 2.0 16V JTD (Diesel)	190
FORD	Fiesta 1.3 (Superbenzin)	140
FORD	Focus 1.6 TDCi/Turnier (Diesel)	127
FORD	Fusion 1.4 Durashift (Superbenzin)	149
FORD	Galaxy 2.0 TDCi (Diesel)	172
FORD	Ka 1.3 Student (Superbenzin)	140
FORD	Mondeo 2.0 TDCi Turnier (Diesel)	163
FORD	S-Max 2.0 TDCi (Diesel)	169

HONDA	Accord 2.0 Comfort (Superbenzin)	184
HONDA	Civic Hybrid1 (Superbenzin)	109
HONDA	CR-V TD (Diesel)	177
HONDA	FR-V 1.7 (Superbenzin)	179
HONDA	Jazz 1.2 (Superbenzin)	129
HYUNDAI	Accent 1.4 GL (Superbenzin)	146
HYUNDAI	Atos 1.1 (Normalbenzin)	131
HYUNDAI	Getz 1.1 (Normalbenzin)	130
HYUNDAI	Matrix 1.6 GLS (Normalbenzin)	174
HYUNDAI	Sonata 2.0 CRDi (Diesel)	163
KIA	Carens 2.0 CRDi EX (Diesel)	163
KIA	Cerato 1.6 (Normalbenzin)	167
KIA	Magentis 2.0 CRDi (Diesel)	162
KIA	Picanto 1.1 (Normalbenzin)	119
KIA	Rio 1.4 (Normalbenzin)	147
LADA	110 8V (Superbenzin)	168
LADA	111 16V (Superbenzin)	169
LADA	112 16V (Superbenzin)	165
LANCIA	Musa 1.3 Multijet 16V (Diesel)	130
MAZDA	Mazda2 1.25 (Superbenzin)	150
MAZDA	Mazda3 1.6 CD/Sport (Diesel)	128
MAZDA	Mazda5 2.0 CD (Diesel)	173
MAZDA	Mazda6 2.0 CD (Diesel)	167
MAZDA	MX-5 1.8 (Superbenzin)	174
MERCEDES	A 160 CDI (Diesel)	128
MERCEDES	B 180 CDI (Diesel)	146
MERCEDES	C 200 CDI (Diesel)	167
MERCEDES	E 200 CDI (Diesel)	167
MERCEDES	Viano 2.0 CDI (Diesel)	237

CO2 in g pro Kilometer / PKW 2007

MINI	Mini One (Superbenzin)	164
MITSUBISHI	Almera 1.5 (Superbenzin)	160
MITSUBISHI	Colt 1.1 3t. (Superbenzin)	130
MITSUBISHI	Grandis 2.0 DI-D1 (Diesel)	176
MITSUBISHI	Lancer 1.6 (Superbenzin)	163
MITSUBISHI	Micra Visia 48 kW (Superbenzin)	143
MITSUBISHI	Note Visia (Superbenzin)	150
MITSUBISHI	Primera 1.8/Kombi (Superbenzin)	177
NISSAN	Almera 1.5 (Superbenzin)	160
NISSAN	Micra Visia 48 kW (Superbenzin)	143
NISSAN	Note Visia (Superbenzin)	150
NISSAN	Primera 1.8/Kombi (Superbenzin)	177
OPEL	Agila 1.0 Twinport Ecotec (Super)	139
OPEL	Astra 1.3 CDTI Ecot./GTC/Car. (Diesel)	130
OPEL	Combo 1.3 CDTI Ecotec (Diesel)	138
OPEL	Corsa 1.3 CDTI Ecotec1, 2 (Diesel)	124
OPEL	Meriva 1.4 Twinport Ecotec (Super)	154
OPEL	Signum 1.9 CDTI Ecotec (Diesel)	162
OPEL	Tigra TwinTop 1.4 Tp. Ecot.3 (Super)	144
OPEL	Vectra 1.9 CDTI Ecotec (Diesel)	154
OPEL	Zafira 1.9 CDTI Ecotec (Diesel)	165
PEUGEOT	107 Petit Filou/Filou 70 (Superbenzin)	109
PEUGEOT	206 CC Filou HDi FAP 110 (Diesel)	129
PEUGEOT	206 /SW Grand Filou Cool 75 (Super)	152
PEUGEOT	207 Filou HDi FAP 110 (Diesel)	126
PEUGEOT	307 Filou HDi FAP 90/Break (Diesel)	129
PEUGEOT	407/SW Esplanade HDi FAP 110 (Diesel)	145
PEUGEOT	607 Prémium HDi 135 FAP (Diesel)	162

PEUGEOT	1007 Filou 75 (Superbenzin)	155
PEUGEOT	Partner Présence 75 (Superbenzin)	175
RENAULT	Clio 1.5 dCi (Diesel)	117
RENAULT	Espace 2.0 16V (Superbenzin)	228
RENAULT	Kangoo 1.2 16V (Superbenzin)	163
RENAULT	Laguna 1.9 dCi FAP/Grandtour (Diesel)	157
RENAULT	Mégane 1.9 dCi FAP 81 kW (Diesel)	148
RENAULT	Modus 1.2 16V 48 kW (Superbenzin)	140
RENAULT	Scénic /Grand Scénic 1.9 dCi FAP (Diesel)	159
RENAULT	Twingo 1.2 16V 43 kW (Superbenzin)	138
RENAULT	Vel Satis 2.0 dCi FAP (Diesel)	194
SAAB	9-3 1.9 TiD (Diesel)	147
SEAT	Alhambra 2.0 TDI1 (Diesel)	178
SEAT	Altea 1.9 TDI1 (Diesel)	146
SEAT	Cordoba 1.4 TDI1 (Diesel)	120
SEAT	Ibiza 1.4 TDI1 (Diesel)	124
SEAT	León 1.9 TDI1 (Diesel)	139
SEAT	Toledo 1.9 TDI1 (Diesel)	145
SKODA	Fabia 1.2 Classic (Normalbenzin)	142
SKODA	Octavia II 1.9 TDI/Combi1 (Diesel)	143
SKODA	Superb 2.0 TDI (Diesel)	170
SMART	smart fortwo coupé pure 37 kW (Super)	113
SUBARU	Justy G3 X 1.3 (Superbenzin)	166
SUZUKI	Grand Vitara 1.9 DDIS (Diesel)	195
SUZUKI	Ignis 1.3 „X-45" (Superbenzin)	154
SUZUKI	Jimny Limousine/Cabrio (Superbenzin)	174
SUZUKI	Liana 1.6 (Superbenzin)	167
SUZUKI	Swift 1.3 (Superbenzin)	143
SUZUKI	SX4 1.5 (Superbenzin)	163

CO_2 in g pro Kilometer / PKW 2007

TOYOTA	Avensis 2.0 D-4D/Combi (Diesel)	153
TOYOTA	AYGO (Superbenzin)	109
TOYOTA	Corolla 1.4/Kombi (Superbenzin)	159
TOYOTA	Lexus IS 220d (Diesel)	168
TOYOTA	Prius (Hybrid)2 (Superbenzin)	104
TOYOTA	RAV4 2.2 D-CAT1 (Diesel)	190
TOYOTA	Yaris 1.0 (Superbenzin)	127
VOLKSWAGEN	Caddy 1.9 TDI1 (Diesel)	170
VOLKSWAGEN	EOS 2.0 TDI (Diesel)	158
VOLKSWAGEN	Fox 1.2 (Superbenzin)	146
VOLKSWAGEN	Golf 1.9 TDI (Diesel)	137
VOLKSWAGEN	Jetta 1.9 TDI1 (Diesel)	140
VOLKSWAGEN	New Beetle 1.4 Lim./Cabr. (Superbenzin)	168
VOLKSWAGEN	Passat 1.9 TDI/Kombi1 (Diesel)	154
VOLKSWAGEN	Polo BlueMotion (Diesel)	102
VOLKSWAGEN	Sharan 2.0 TDI1 (Diesel)	181
VOLKSWAGEN	Touran 2.0 TDI (Diesel)	165
VOLVO	S40 1.6 D (Diesel)	129
VOLVO	S60 2.4 D 93 kW (Diesel)	169
VOLVO	V50 1.6 D (Diesel)	132
VOLVO	V70 2.4 D 93 kW (Diesel)	172

Quelle: VCD Auto-Umweltliste

⋯▷ Hersteller werben jüngst immer häufiger mit dem geringen CO_2-Ausstoß ihrer Fahrzeuge. Allein betrachtet, sagt diese Zahl zu wenig aus. Vergleichen Sie die Angaben mit ähnlichen Modellen der gewünschten Fahrzeugklasse.

Erdgasfahrzeuge 2007

CO2 in g pro Kilometer

Marke	Modell	
CITROËN	Berlingo 1.4 Bivalent Gas1	146
CITROËN	C3 1.4 Bivalent Gas1	119
FIAT	Doblò 1.6 16V Nat. Pow. Gas1	161
FIAT	Multipla Natural Power Gas1	161
FIAT	Punto 1.2 8V Natural Power Gas1	119
FORD	Focus C-MAX 2.0 CNG Gas2	158
MERCEDES	E 200 NGT Gas1	174
OPEL	Combo 1.6 CNG Ecotec4	133
OPEL	Zafira 1.6 CNG4	138
PEUGEOT	Partner Bivalent Gas1	146
VOLKSWAGEN	Caddy EcoFuel2	158
VOLKSWAGEN	Touran 2.0 EcoFuel2	155
VOLVO	S60 2.4 Bi-Fuel Gas1	159
VOLVO	V70 2.4 Bi-Fuel Gas1	169

Quelle: VCD Auto-Umweltliste

---> Erdgas verursacht gegenüber Diesel und Benzin rund ein Viertel weniger CO_2, andere Schadstoffe sinken um 80 %. Neben der positiven Umweltbilanz kommen Erdgas-Autofahrer in den Genuss von steuerlichen Vorteilen.

PKW 2000

Da im Schnitt acht Jahre alte Fahrzeuge unterwegs sind, finden Sie hier analog zu den vorangegangenen Tabellen die Werte für Autos mit dem Baujahr 2000.

CO_2 in g pro Kilometer

Marke	Modell (Kraftstoffart)	
ALFA ROMEO	146 1.6 T.Spark (Superbenzin)	198
ALFA ROMEO	156 1.9 JTD (Diesel)	155
AUDI	A2 1.4 55kW TDI (Diesel)	116
AUDI	A3 1.9 TDI 66 kW (Diesel)	132
AUDI	A4 1.9 TDI 66 kW (Diesel)	143
AUDI	A6 1.9 TDI 81 kW (Diesel)	150
AUDI	A8 2.5 TDI (Diesel)	193
BMW	320d (Diesel)	152
BMW	520d (Diesel)	156
BMW	Z3 1,8 Roadster (Superbenzin)	187
CHRYSLER	Neon 2.0 4t (Normalbenzin)	185
CHRYSLER	Stratus 2.0 (Normalbenzin)	193
CITROËN	Berlingo 2.0 HDi Multi. (Diesel)	147
CITROËN	Saxo 1.0 X 3t. (Superbenzin)	139
CITROËN	Xantia 2.0 HDi 109 SX (Diesel)	154
CITROËN	XM 2.1 TURBO D12 (Diesel)	185
CITROËN	Xsara 2.0 HDi SX Kom. (Diesel)	143
DAEWOO	Lanos SE 1.4 3t. (Normalbenzin)	184
DAEWOO	Matiz (Normalbenzin)	161
DAEWOO	Nubira II SE 1.6 4t. (Superbenzin)	206
DAIHATSU	Cuore GL 3t. (Normalbenzin)	127
DAIHATSU	Gran Move CX (Normalbenzin)	181

DAIHATSU	Move GXL (Normalbenzin)	136
DAIHATSU	Sirion CX 1,0 MT (Normalbenzin)	129
DAIHATSU	Terios CX (Normalbenzin)	205
FIAT	Barchetta 1.8 16V (Superbenzin)	201
FIAT	Brava 80 16V SX (Superbenzin)	162
FIAT	Bravo JTD 105 GT (Diesel)	143
FIAT	Marea JTD 105 SX (Diesel)	149
FIAT	Palio Weekend TD 70 (Diesel)	169
FIAT	Punto 1.2 8V (Superbenzin)	136
FIAT	Seicento Young (Superbenzin)	145
FORD	Cougar 2,0 16V (Superbenzin)	202
FORD	Fiesta 1,8 TD 3t. (Diesel)	136
FORD	Focus 1,8 DI Amb. 3t. (Diesel)	132
FORD	Ka 1,3 44 kW (Superbenzin)	154
FORD	Mondeo 1,8 TD 4t. (Diesel)	166
FORD	Puma 1,4 16V (Superbenzin)	171
HONDA	Accord 1.8i 5t. (Superbenzin)	200
HONDA	Civic 1.4i 3t. (Superbenzin)	164
HONDA	HR-V (Superbenzin)	204
HONDA	Integra (Superbenzin)	208
HONDA	Logo 1.3i (Superbenzin)	150
HYUNDAI	Accent 1.3 LC (Normalbenzin)	154
HYUNDAI	Atos GL (Normalbenzin)	151
HYUNDAI	Lantra GL 1.6i (Normalbenzin)	184
KIA	Pride 1.3 GLXi 3t. (Normalbenzin)	160
KIA	Shuma 1.5 LS 4t. (Normalbenzin)	185
LANCIA	Kappa SW 2.4 JTD LS (Diesel)	207
LANCIA	Delta 1.6 HPE (Superbenzin)	198
LANCIA	Lybra 1.9 JTD (Diesel)	154

CO2 in g pro Kilometer / PKW 2000

LANCIA	Y 1.2 16V LS (Superbenzin)	157
MAZDA	121 Basis 1.3 L (Superbenzin)	161
MAZDA	323 S 2.0 TDI (Diesel)	133
MAZDA	626 Comfort 2.0 TDI (Diesel)	158
MAZDA	Demio 1.4 L (Superbenzin)	169
MAZDA	Premacy 2.0 TDI (Diesel)	158
MCC (MICRO COMPACT CAR)	smart cdi (Diesel)	90
MERCEDES	A 160 CDI (Diesel)	119
MERCEDES	C 200 CDI (Diesel)	161
MERCEDES	E 200 CDI (Diesel)	164
MITSUBISHI	Carisma Comfort TD 4t. (Diesel)	160
MITSUBISHI	Colt 1300 GL (Normalbenzin)	157
MITSUBISHI	Galant 2000 GLS (Superbenzin)	192
MITSUBISHI	Lancer Kombi Life (Superbenzin)	172
MITSUBISHI	Space Star 1300 (Superbenzin)	164
NISSAN	Almera 2.2 DI Comf. 3t. (Diesel)	156
NISSAN	Micra 1.5 d Comfort (Diesel)	145
NISSAN	Primera 1.8 4t. (Superbenzin)	177
NISSAN	Sunny Traveller LX 2.0 D (Diesel)	179
OPEL	Agila 1.0 12V (Superbenzin)	151
OPEL	Astra 1.7 DTI ECO4 (Diesel)	119
OPEL	Combo 1.7 D (Diesel)	164
OPEL	Corsa Sp. 1.0 12V Eco. 3t. (Superbenzin)	135
OPEL	Omega 2.0 DTI 16V (Diesel)	178
OPEL	Tigra 1.4 16V Ecotec (Superbenzin)	173
OPEL	Vectra 2.0 DTI 16V Comf. (Diesel)	151

PEUGEOT	106 Spécial 1.5 D 3t. (Diesel)	139
PEUGEOT	206 Présence 1.9 D (Diesel)	144
PEUGEOT	306 2.0 HDi XS 3t. (Diesel)	143
PEUGEOT	406 Prémium 2.0 HDi (Diesel)	154
PEUGEOT	Partner Combisp. 1.9 D (Diesel)	156
RENAULT	Clio RT 1.9 dTi MTV 3t. (Diesel)	139
RENAULT	Kangoo RT 1.2 ECON (Superbenzin)	163
RENAULT	Laguna Grdt. 1.9 dTi (Diesel)	151
RENAULT	Mégane Grdt. 1.9 dTi (Diesel)	143
RENAULT	Safrane 2.2 dT (Diesel)	195
RENAULT	Twingo 1.2 (Superbenzin)	143
SAAB	9-3 2.2 TiD (Diesel)	164
SEAT	Arosa Select 1.7 SDI (Diesel)	119
SEAT	Cordoba Signo 1.9 TDI (Diesel)	135
SEAT	Ibiza Signo 1.9 TDI 3t. (Diesel)	135
SEAT	Inca Kombi 1.4 (Superbenzin)	187
SEAT	León Stella 1.4 16V 5t. (Superbenzin)	156
SEAT	Toledo Stella 1.9 TDI (Diesel)	143
SKODA	Fabia 1.9 SDI Classic (Diesel)	130
SKODA	Felicia X 1.3 40 kW (Normalbenzin)	154
SKODA	Octavia 1.9 TDI 81 kW (Diesel)	135
SUBARU	Impreza 1.6 GL (Superbenzin)	196
SUBARU	Justy 1.3 GX 3t. (Normalbenzin)	167
SUZUKI	Alto GL 3t. (Normalbenzin)	134
SUZUKI	Baleno 1.3 GL 3t. (Normalbenzin)	153
SUZUKI	Jimny (Normalbenzin)	189
SUZUKI	Samurai Van (Normalbenzin)	205
SUZUKI	Swift 1.0 GLS (Normalbenzin)	130
SUZUKI	Wagon R+ 1.2 GL (Normalbenzin)	136

CO2 in g pro Kilometer / PKW 2000		
TOYOTA	Avensis Lim. 1,8 lin. s. (Superbenzin)	176
TOYOTA	Corolla Compact 1,4 (Superbenzin)	168
TOYOTA	Yaris 1,0 linea eco (Superbenzin)	119
VOLKSWAGEN	Bora 1,9 TDI 66 kW (Diesel)	132
VOLKSWAGEN	Golf 1,9 TDI 66 kW (Diesel)	132
VOLKSWAGEN	Lupo 3L TDI (Diesel)	81
VOLKSWAGEN	New Beetle TDI (Diesel)	140
VOLKSWAGEN	Passat 1,9 TDI 66 kW (Diesel)	143
VOLKSWAGEN	Polo D (Diesel)	130
VOLVO	S40/V40 1.9D (Diesel)	142
VOLVO	S80 2.4 (Superbenzin)	205
VOLVO	V70 2.5D (Diesel)	172
Quelle: VCD Auto-Umweltliste		

···> Bei einer 20-jährigen Spritschleuder sollten Sie vielleicht nicht auf den natürlichen TÜV-Tod warten, sondern vorher zur Tat schreiten. Die Emissionen der Herstellung eines Neuwagens sparen Sie durch den geringeren Verbrauch mehr als ein.

Spritfresser 2007

Auch wenn sie von den Zulassungszahlen nur eine geringe Rolle spielen, wollen wir Ihnen die CO_2-Bomben auf deutschen Straßen nicht vorenthalten.

CO2 in g pro Kilometer

Marke	Modell	
FERRARI	456 GTA	570
MASERATI	MC12	545
FERRARI	575 Maranello	499
FERRARI	456 GT	495
DODGE	Dodge Viper SRT-10	488
FERRARI	612	470
PORSCHE	Carrera GT	437
FERRARI	430	420
MASERATI	3200 GT	411
BENTLEY	Contin.Fly.Spur	410
LAMBORGHINI	Gallardo	400
MASERATI	Coupe GT/Cambiocorsa	400
MASERATI	Gransport Spyder	400
LAND ROVER	Discovery	397
CADILLAC	Cadillac SRX 4WD	396
DAIMLER CHRYSLER	ML 63 AMG	392
DAIMLER CHRYSLER	Maybach 57S/62S	390
TOYOTA	Landcruiser 100	387
CADILLAC	Cadillac Escalade	383
DAIMLER CHRYSLER	Maybach	383
SSANG YONG	Musso	382
JEEP	Jeep Grand Cherokee SRT	381
ROLLS-ROYCE	Phantom	380
CADILLAC	Cadillac STS-V	379
DAIMLER CHRYSLER	G 55 AMG	378
ROLLS-ROYCE	Phantom Drophead	377
JEEP	Jeep Grand Cherokee	376

CO2 in g pro Kilometer / Spritfresser

LAND ROVER	Range Rover	376
VW	Touareg	375
LAND ROVER	Range Rover Sport	374
JEEP	Jeep Commander	371
DAIMLER CHRYSLER	G 500	370
DAIMLER CHRYSLER	G 500 Cabrio	370
MASERATI	3200 GT	370
BMW	750iL	369
DAIMLER CHRYSLER	CLK 63 AMG	369
BMW	M6 Cabrio	366
HYUNDAI	Terracan	365
DAIMLER CHRYSLER	SL 65 AMG	362
BMW	M5 Touring	361
LAND ROVER	Discovery 3	359
BMW	Z8	358
PORSCHE	Cayenne S	358

Quelle: VCD Auto-Umweltliste

Sie können allein durch Ihren Fahrstil und ein paar Handgriffe CO2 vermeiden: Moderne Motoren laufen im niedertourigen Bereich (1.500 bis 2.500 U/min) am umweltfreundlichsten. Für den Stadtverkehr gilt: ab 30 km/h 3. Gang, ab 40 km/h 4. Gang, ab 50 km/h 5. Gang. Egal mit welchem Kraftstoff – Sie können ein Fünftel sparen.

Sparsames Autofahren

In der folgenden Tabelle haben wir Maßnahmen aufgeführt, mit denen Sie Ihre CO_2-Bilanz mindern können. Die Angaben beziehen sich auf einen PKW (Mittelklasse Benziner, Baujahr ab 2001) mit einem durchschnittlichen CO_2-Ausstoß von 20 kg / 100 km (8 Liter)

CO_2 in kg pro 100 gefahrene km;
Unterschied zur ursprünglichen Fahrweise

Verbesserung durch:		
Niedertourige Fahrweise	16	– 20 %
Optimaler Reifendruck	19	– 5 %
Regelmäßiges Motorwarten	18	– 10 %
Sparsame Fahrweise	15	– 25 %
Verschlechterung durch:		
Heizung	22	+ 6 %
100 kg Gepäck, typischer Fahrzyklus	21	+ 5 %
100 kg Gepäck Stadtverkehr	21	+ 4 %
Klimaanlage	23	+ 13 %
Hektische Fahrweise (häufiges Schalten und Bremsen)	27	+ 34 %
Heckscheibenheizung	0,25*	+1 %
Volle Beleuchtung	21*	+5 %
Zusatzscheinwerfer	20.5*	+3 %

Quelle: ADAC; Stadt Münster; Wuppertal Institut

*Angaben pro Stunde

Mobil in der Stadt

Nachstehend vergleichen wir verschiedene Verkehrsmittel miteinander und berechnen zwei Jahresgesamtstrecken.

Verkehrsmittel

CO_2 in g/kg pro Person	Pro km in g	Pro 5.000 km in kg	Pro 10.000 km in kg
Taxi (Diesel, Oberklasse, Baujahr ab 2001)*	417	2.080	4.170
Taxi Erdgas (Opel Zafira)*	327	1.640	3.270
PKW (Benziner, Mittelklasse, Baujahr ab 2001)	250	1.250	2.500
Straßen-, Stadt- oder U-Bahn	53	270	530
Linienbus (Diesel)	19	100	190
Fahrrad	0	0	0

Quelle: UMC; ifeu; co2online / *CO_2-Berechnungen für Taxifahrten sind im Vergleich zu anderen PKW-Fahrten erhöht, da sie einen Aufschlag für Leerfahrten berücksichtigen

⋯⋯> Wenn Sie Ihre jährlichen 5.000 PKW-Kilometer zur Hälfte mit dem Fahrrad und zur Hälfte mit der Stadtbahn zurücklegen, schmelzen nicht nur die CO_2-Kilos um eine Tonne, Sie steigern auch noch Ihre Fitness. Möchten oder können Sie nicht auf das Auto verzichten, wäre eine Alternative, über Fahrgemeinschaften nachzudenken.

Zug oder Flug?

ICE-Zugfahrten und Flüge innerhalb Deutschlands

CO_2 in kg pro Person (Hin- und Rückfahrt, bzw. -flug)

	ICE	Flugzeug
Berlin – Düsseldorf	50	300
Berlin – Köln	51	300
Berlin – München	65	300
Berlin – Stuttgart	72	320
Düsseldorf – Hamburg	32	140
Düsseldorf – Leipzig	54	160
Düsseldorf – München	56	300
Frankfurt – Hamburg	45	160
Frankfurt – München	42	140
Frankfurt – Stuttgart	19	120
Hamburg – Leipzig	42	140
Hamburg – München	68	340
Hamburg – Stuttgart	44	320
Hannover – Leipzig	21	120
Hannover – München	50	300
Hannover – Stuttgart	47	160
Köln – Hamburg	46	160
Köln – Hannover	28	120
Köln – München	58	160
Köln – Stuttgart	31	140
Leipzig – München	48	140
Leipzig – Stuttgart	57	160

Quelle: UMC / Atmosfair

Flugreisen und Treibhauseffekt

Emissionen durch Flugreisen sind besonders klimaschädlich: Weil sie direkt in höhere Atmosphärenschichten gelangen, bewirken sie einen stärkeren Treibhauseffekt als Emissionen in Bodennähe.

Flüge international

CO_2 in kg pro Person (Hin- und Rückflug)	
Berlin – London (Großbritannien)	540
Düsseldorf – Palma de Mallorca (Balearen)	720
Berlin – Barcelona (Spanien)	800
Düsseldorf – Teneriffa (Kanaren)	1.740
Frankfurt – New York (USA)	4.020
Frankfurt – Johannesburg (Südafrika)	6.340
Frankfurt – Rio de Janeiro (Brasilien)	6.800
Frankfurt – Kuala Lumpur (Malaysia)	7.220
Frankfurt – Sydney (Australien)	12.460
Frankfurt – Wellington (Neuseeland) über Los Angeles	14.340
Quelle: Atmosfair	

⟶ Fliegen ist eine große CO2-Bombe. Es gibt keine umweltfreundlichen Flugzeuge und für Fernreisen keine Alternative außer Verzicht. Zur Kompensation gibt es verschiedene Anbieter, die den Schaden durch Ihre Flugreisen mit der Unterstützung von Klimaschutzprojekten ausgleichen.

Quer durch Deutschland

Wir haben die Verkehrsmittel-Optionen Bahn, Flugzeug und PKW miteinander verglichen.

CO_2 in kg pro Person und Strecke

Strecke	Bahn	Flugzeug *	PKW **
Berlin – Hannover	15	56	72
Berlin – Frankfurt	28	79	137
Berlin – Saarbrücken	37	100	181

Quelle: ifeu; co2online / * einschließlich PKW zum Flughafen;
** PKW, Benziner, Mittelklasse, Baujahr ab 2001

Umweltmobilcheck der Bahn
Bei der nächsten Reiseplanung hilft der Umweltmobilcheck der Bahn auf **www.bahn.de**. Er berechnet die Emissionen von Bahn, PKW und Flugzeug für Ihre Wunschstrecke innerhalb Deutschlands.

⟶ In unserem Streckenvergleich schneidet die Bahn eindeutig am besten ab. Wenn Sie alleine reisen, ist das Auto auf langen Strecken die schlechteste Alternative. Bei zwei Personen pro PKW halbieren sich die Emissionen. Dann schneidet das Auto besser ab als das Flugzeug. Anhand dieser Zahlen fällt es sicher leichter, die richtige Entscheidung zu fällen.

Service

Zur Anregung möchten wir Ihnen ein paar Vorschläge mit auf den Weg geben, wodurch Sie CO_2 vermeiden könnten.

60-mal im Jahr 5 km mit dem Fahrrad statt mit dem Auto fahren	− 75 kg
1 Hin- und Rückflug Berlin – Stuttgart durch Bahnfahrten ersetzen	− 248 kg
Auf den Flug nach Teneriffa verzichten	− 1.740 kg
Sparsam Auto fahren auf 1.000 km Stadtverkehr	− 130 kg
Optimaler Reifendruck beim Auto auf 2.000 km Autobahnfahrt	− 100 kg

CO_2-Diätplan

Das mache ich heute:
- Fahre zum Brötchenholen mit dem Fahrrad
- Prüfe den Reifenluftdruck am Auto
- Baue den nicht genutzten Gepäckträger am Auto ab und räume den Kofferraum aus

Das mache ich morgen:
- Bestelle ein Erdgas-Taxi
- Bringe mein Fahrrad in Ordnung
- Gründe im Büro eine Auto-Fahrgemeinschaft
- Kaufe eine Bahncard

Das mache ich noch ein bisschen später:
- Besuche ein Spritspar-Fahrtraining
- Erkundige mich nach umweltverträglicheren Autos
- Mache die nächste Urlaubsreise klimaneutral

Nützliche Adressen

Atmosfair – Kompensation von Flugreisen mit
Online-Emissionsrechner
www.atmosfair.de

Bundesverband Carsharing e. V. – Allgemeine
Informationen zum Carsharing und Ortslisten
mit Carsharing-Angeboten
Tel.: 0511 7100474
www.carsharing.de

Ökoreisen – Adressverzeichnis von Ferienangeboten
auf Biohöfen in Deutschland und Europa
Tel.: 0681 374579
www.oekoreisen.de

Stiftung myclimate – The Climate Protection Partnership
Zürich – Kompensation von Flug- und Auto-Emissionen
Tel.: 0041 (0)44 6337750
www.myclimate.de

Umweltbundesamt – Allgemeine Informationen zu Verkehr
und Umwelt, kostenlose Ratgeberbroschüre zum Thema
»Auto und / oder Umwelt« gedruckt oder zum Download
Telefon: 0340 2103-0
www.umweltbundesamt.de

Verkehrsclub Deutschland e. V. – Tipps u. a. zu den
Themen Carsharing und »Urlaub ohne Auto«, Angebot
einer ökologischen Autoversicherung
Tel.: 030 280351-0
www.vcd.org

Dank der Autoren

Unser persönlicher Dank gilt: Den Teams von co2online und SEner-Con, die unsere Buchlaunen ertragen und uns bei anderen Aufgaben entlastet haben. Andreas Grondey, Stephanie Koch, Franziska Laskowski und Claudia Bexte für ihre tatkräftige Unterstützung. Folgenden Fachleuten danken wir für die Überlassung von Daten, Vermittlung geeigneter Ansprechpartner und geduldige Auskünfte am Telefon: Dr. Dietrich Brockhagen (atmosfair), Jürgen Giegrich und Hans Hertle (ifeu), Christian Salmhofer (Klimabündnis Kärnten), Dr. Gerold Hensler und Dr. Manfred Sengl (Bayerisches Landesamt für Umwelt), Klaus Michael (NEI), Uwe Fritsche und Lothar Rausch (Öko-Institut), Angelika Krumm (Robin Wood), Dr. Michael Blanke (Universität Bonn), Dr. Ulrike Wachsmann, Dr. Anett Weiland-Wascher und Stefan Schmitz (Umweltbundesamt), Gerd Lottsiepen (VCD), Dr. Hermann Ott und Claus Barthel (Wuppertal Institut), Mara Zimen (3C Gruppe). Nina Andres für das konstruktive Lektorat und Mia Sedding für ihre Geduld und Kreativität bei Grafik und Layout – und nicht zuletzt Christian Strasser und dem Team des Pendo-Verlags für die Möglichkeit, dieses Buch zu schreiben.

Über co2online

Die gemeinnützige Beratungsgesellschaft co2online lebt und arbeitet in Berlin. Rund 15 Mitarbeiter entwickeln und betreuen verschiedene Klimaschutzprojekte, die alle zum Ziel haben, den Einzelnen zum sinnvolleren Umgang mit Energie zu motivieren und seine CO_2-Bilanz zu verbessern. Oft erhält co2online dabei Unterstützung von Medien, Unternehmen, Politik und Wissenschaft. Besonders wichtig ist co2online die Messbarkeit ihrer Projekte. Genau wie in diesem Buch: Was hat mein Verzicht auf Stand-by, der Kauf meines neuen Kühlschrankes und der Austausch meiner Heizanlage bewirkt? Wir möchten deshalb unbedingt erfahren, ob wir Ihnen mit diesem Buch bei Ihrer CO_2-Diät helfen konnten. Berichten Sie uns von Ihren Erfolgen, vielleicht auch Misserfolgen, welche Zahlen Sie vermissen, was wir bei der nächsten Ausgabe verbessern können oder wenn Sie etwa einen Zahlendreher gefunden haben. Wir freuen uns auf Ihre E-Mail an: co2-zaehler@co2online.de.

Noch ein letzter Tipp: Wenn Sie Ihre Erfolge überprüfen möchten, empfehlen wir Ihnen unser Energiesparkonto auf www.energiesparkonto. de. Sie können sich durch Angaben zu Ihren Strom- und Heizkosten sowie zu Ihrem Gebäude Ihre persönliche Energiebilanz berechnen lassen und erkennen, um wie viel Sie Ihren CO_2-Ausstoß gemindert haben. Das Konto begleitet Sie bei Ihrem zukünftigen CO_2-Diätplan.

Quellenverzeichnis

ADAC e.V.
adac@adac.de
www.adac.de

AG Energiebilanzen e. V.
c. o. Deutsches Institut für
Wirtschaftsforschung
mhorn@diw.de
www.ag-energiebilanzen.de

atmosfair gGmbH
kontakt@atmosfair.de
www.atmosfair.de

co2online gemeinnützige GmbH
info@co2online.de
www.co2online.de

**dena – Deutsche Energie-
Agentur GmbH**
info@dena.de
www.dena.de

EcoTopTen
Herausgeber: Öko-Institut e.V.
info@oeko.de
www.oeko.de

EnergieAgentur NRW
info@energieagentur.nrw.de
www.ea-nrw.de

**forsa – Gesellschaft für
Sozialforschung und
statistische Analysen mbH**
info@forsa.de
www.forsa.de

**GEMIS – Globales Emissions-
Modell Integrierter Systeme**
Herausgeber: Öko-Institut e.V.
info@oeko.de
www.oeko.de

GfK Aktiengesellschaft
gfk@gfk.com, www.gfk.com

**GRE– Gesellschaft für Ratio-
nelle Energieverwendung e. V.**
gre@gre-online.de
www.gre-online.de

**ifeu – Institut für Energie- und
Umweltforschung Heidelberg
GmbH**
ifeu@ifeu.de, www.ifeu.de

**IWU Institut Wohnen und
Umwelt GmbH**
info@iwu.de, www.iwu.de

Lechwerke AG
service@lew.de
www.lew.de

NEI – Niedrig Energie Institut
nei-dt@t-online.de
www.nei-dt.de

Öko-Institut e. V.
info@oeko.de
www.oeko.de

Ökologie & Landbau
Herausgeber: oekom verlag
kontakt@oekom.de
www.oekom.de

**RWI Essen – Rheinisch-
Westfälisches Institut für
Wirtschaftsforschung e.V.**
rwi@rwi-essen.de
www.rwi-essen.de

Stadt Münster
Umweltberatung
umwelt@stadt-muenster.de
www.stadt-muenster.de

Stadtwerke Bremen
info@swb-gruppe.de
www.swb-gruppe.de
Statistisches Bundesamt
www.destatis.de
Stiftung Warentest
email@stiftung-warentest.de
www.stiftung-warentest.de
Topten GmbH
Redaktion@topten.ch
www.topten.ch
**UMC – Der Umweltmobilcheck
der Deutschen Bahn
DB Vertrieb GmbH**
www.bahn.de
Umweltbundesamt
info@umweltbundesamt.de
www.umweltbundesamt.de
Universität Gießen
praesident@admin.uni-
giessen.de
www.uni-giessen.de
Vattenfall Europe AG
info@vattenfall.de
www.vattenfall.de
**VCD – Verkehrsclub Deutsch-
land e.V.**
Bundesgeschäftsstelle
mail@ vcd.org
Internet: www.vcd.org

**VDEW – Verband der
Elektrizitätswirtschaft e.V.**
info@strom.de
Internet: www.strom.de
Verbraucherzentrale NRW
vz.nrw@vz-nrw.de
www.vz-nrw.de
**Verbund Österreichische
Elektrizitätswirtschafts-AG**
info@verbund.at
www.verbund.at
**VfU – Verein für Umwelt-
management in
Banken, Sparkassen und
Versicherungen e.V.**
kammerer-kirch@vfu.de
www.vfu.de
**Wuppertal Institut für Klima,
Umwelt, Energie GmbH**
info@wupperinst.de
www.wupperinst.org
WWF Schweiz
service@wwf.ch
www.wwf.ch
3C Gruppe
info@3c-company.com
www.3c-company.com

Register

A
Abfall 43
Autofahren, sparsames **143**

B
Backen **73**
Baumwolle 44
Benzin 10, 126
Bewegungsmelder 88
Biokraftstoffe **126**
Biolebensmittel 33ff.
Boiler 85
Braunkohle 51
Brennwertheizungen 107
Büro **75**
Bürogeräte 83

C
China 8
CO2-Äquivalent **12**
CO2-Emissionen, tägliche **18**
CO2-Emissionswert 13

D
Diesel 28
Drucker **77**
Düngemittel 33
Düngung 28
Durchlauferhitzer 119f.
Durchschnittstemperatur 14
Dürre 14

E
Einwegverpackung **43**
Elektrogeräte **51**, 79

Elektrospeicher 117f.
Emissionen 9
Endenergie **10**
Energie, erneuerbare 51
Energieeffizienz-Label **58**
Energiemessgerät 81
Energiesparlampen 6, 86ff.
Energieträger 8
Energieverluste 10
Erdgas 5, 8, 10, 51
Erdgasfahrzeuge 135
Erdöl 5, 8, 10, 14
Ernährung 26ff.
Ernährung, vegane 41

F
Faxgeräte **78**
Fernwärme, Gebäude mit 99
Fett **31**
Flachbildschirme 76
Flüge 145f.
Flugverkehr 12
Futtermittel 35

G
Gartenarbeit 80
Gas 10, 14
Gaszentralheizung,
   Gebäude mit **99**
Gebäudedämmung 108
Gefrierschränke **62**
Gefriertruhen **63**
Gemüse 27, 31, 33, 37
Gesamtemissionen **17**
Geschirrspüler 70ff.
Gesundheitssystem 47
Getränkeverpackungen 42f.
Glasflaschen 43
Glaskonserven 42
Glühbirne 6, 86

H

Halogenlampen **89**
Handspülen 71
Haushaltsgeräte 84
Heizbilanz **101**
Heizen 95
Heizenergieträger 97, **103**
Heizenergieverbrauch 95,
 100ff., 105
Heizkosten 97
Heizöl 10, 101
Heizspiegel 101
Heizung 25, 101, 109, 121
Heizungsanlage 102
Heizwärmebedarf 106f.
Holzpelletheizungen **107**

I

Importware 39
Indien 8
Infrastruktur 47

K

Kernenergie 13, 51
Kilowattstunde 52f.
Kleidung 44
Kleinwasserspeicher 85
Klimaanlagen 78
Klimabelastung 6, 26, 38
Klimabilanz 6, 8f., 11, 13,
 32, 38, 44
Klimaerwärmung 17
Klimaklasse 57
klimaneutral 13, **16**
Klimaschutz 7
Klimaschutzmaßnahme 12
Klimawandel 7, 13, 15
Kochen **73**
Kohle 5, 8, 10, 14
Kohlendioxid 5, **13**

Kohlenstoff 13f.
Kompaktleuchtstoff-
 lampen 86
Kongresse **46**
Kopierer **77**
Kraftstoffe 126ff.
Küche 78
KühlCheck 64
Kühlen 55
Kühl-Gefrierkombinationen 59
Kühlschränke 60f.
Kunstdünger 44
Kunststoffflaschen 43
Kyoto-Versprechen **15**

L

Lachgas 12, 14
Lebensmittel, tierische 30f.
Lebensmittelgruppen 28
Leelaufverluste 77, **83**
Leuchtstofflampen 87
Luftbefeuchter 78
Lüften **95**
Luftwechselrate 111

M

Massentierhaltung 35
Meeresspiegel 14
Mehrwegverpackung **43**
Methan 12, 14, 30
Methanemissionen 31
Milchprodukte 30f.

N/O

Niedrigenergiehäuser 105
Obst 27, 31, 33, 37
Obstkonserven 33
Ökobauern 33
Ökolandbau **35**
Ökostrom 54

Ölzentralheizung,
   Gebäude mit **98**

P
Papier 45
Pestizide 44
Pflanzenschutzmittel 35
PKW 129ff., 136
Primärenergie 9f.
Printprodukte 45
PumpenCheck 112

R
Raumtemperatur 97f.
Recyclingpapier 45
Regenwaldrodung 12
Röhrenbildschirme 74
Rohstoffe 8

S
Saison 39
Sauerstoff 13
Schnittblumen 46
Solaranlage 16, 121
Sozialsystem 47
Spritfresser 140ff.
Stand-by 81ff.
Strom 10, 25
Stromkostenersparnis 7
Stromverschwender 81

T
Thermostate 96f.
Tiefkühlware 32f.
Tierfutter 28
tierische Lebensmittel 30f.
Tomaten **40**
Transport 28
Transportart 36f.
Transportweg **38**

Treibhauseffekt 12, 14,
   30, 146
Treibhausgase 5f., 8, 10, 28
Treibhauspotenzial 12
Treibhauswirksamkeit 12

U
Überflutungen 14
Umwälzpumpen 111f.
Unterhaltung **75**, 80
Unterhaltungselektronik 82
Uran 8, 10

V
Veranstaltungen **46**
Verpackung 28, 42
Verpflegung **46**
Viehzucht 12

W
Wärmepumpen 108
Wärmeschutzverordnung 100
Warmwasserbereitung 85
Warmwasserspeicher 115ff.
Warmwasserspeicher,
   solare **121**
Wäschetrockner 68f.
Waschmaschinen 64f., **67**
Wasserkocher 73f.
Wasserparduschkopf **115**
Wasserverbrauch 64, 70
Werkzeug 80
Wetteraufzeichnungen 14

Z
Zeitungen 45
Zirkulationspumpen 113f.
Zugfahrten 145f.

klimaneutral

CO_2

Pendos Klimazähler wird herausgegeben von:
    co2online gemeinnützige GmbH
Hochkirchstraße 9, 10829 Berlin
co2-zaehler@co2online.de
www.co2online.de

Autoren: Andreas Grabolle, Tanja Loitz
Mitarbeit: Claudia Bexte, Andreas Grondey,
Stephanie Koch, Franziska Laskowski
Design und Grafiken: Mia Sedding

Umwelthinweis: Dieses Buch wurde auf PEFC zertifiziertem
Papier gedruckt.
PEFC (Program for the Endorsement of Forest Certification
Schemes): Der PEFC-Prozess wurde von europäischen Wald-
besitzern zusammen mit Vertretern der Holzwirtschaft initiiert.
Ziel von PEFC ist die Dokumentation und Verbesserung der
nachhaltigen Waldbewirtschaftung im Hinblick auf ökono-
mische, ökologische sowie soziale Standards. Es ist zudem
als Marketinginstrument für den Rohstoff Holz gedacht und
soll zur Verbesserung des Images der Forstwirtschaft und ihrer
Marktpartner beitragen.

2. Auflage 2007
Copyright © Pendo Verlag GmbH & Co. KG
München und Zürich 2007
Umschlaggestaltung: co2online, Mia Sedding
Gesetzt aus der MetaPlus
Layout und Satz: co2online, Mia Sedding
Druck und Bindung: Druckerei Uhl, Radolfzell am Bodensee
Printed in Germany
ISBN 978-3-86612-141-6

www.pendo.de · www.pendo.ch